Les Plantes Potagères

L'ALBUM VILMORIN

Préface de JACQUES BARRAU

Bibliothèque de l'Image

Conception graphique : Alessandra Scarpa.

Dépôt légal : 1996.

Crédit photographique:
Bibliothèque Centrale du Muséum National d'Histoire Naturelle.

Introduction

A ses origines et jusqu'à son affirmation comme discipline scientifique, la connaissance humaine du monde végétal fut partout et toujours de caractère utilitaire. Elle s'est d'abord constituée en savoirs empiriques relatifs aux végétaux et matières premières d'origine végétale propres à assurer la vie et la survie de l'espèce humaine.

Le savoir botanique dans l'acception scientifique du terme s'est constitué très largement à partir de l'observation de plantes utiles, plantes médicinales, mais aussi plantes alimentaires spontanées ou cultivées, en rappelant à nouveau à cet égard les liens anciens entre le thérapeutique et le nutritif. Pour ne citer qu'un exemple, les choux furent des panacées de l'hygiène antique.

En Europe, la botanique *scientifique* prit son essor sur la base des codex anciens du pourtour méditerranéen lors de la Renaissance. Se constituent alors les premiers jardins botaniques, surtout consacrés aux végétaux à vertus médicinales mais aussi aux plantes exotiques du Nouveau Monde jusqu'alors inconnues. On s'affranchit des dogmes cléricaux, on observe et on dessine les végétaux d'après nature de même qu'on porte plus d'attention à l'intérêt ornemental des plantes. C'est dans ce contexte que va être créé à Paris en 1626 le Jardin Royal des plantes médicinales dont le promoteur, le médecin Gui de la Brosse, chercha le modèle dans les premiers jardins botaniques du XVIe siècle, ceux d'Italie mais aussi et surtout celui de Montpellier.

Dans ce Jardin Royal de Paris, aujourd'hui Jardin des Plantes, se constitua une lignée de jardiniers botanistes et une école, au sens scientifique du terme, d' *économie botanique*, pour reprendre l'heureuse dénomination du Musée que devait créer à Verrières Philippe de Vilmorin (1872-1917).

Le plus célèbre jardinier botaniste fut certainement André Thouin (1747-1824). Protégé de Buffon, il va donner un extraordinaire essor au Jardin Royal, mais aussi aux travaux que l'on y faisait sur les plantes utiles. Se développe alors dans cette institution, un enseignement de dessin et peinture naturaliste et notamment botanique où s'illustrera à la fin du XVIIIe siècle un grand ami d'André Thouin, Gérald van Spaendonck.

Parmi ceux qui encouragent André Thouin et collaborent avec lui, il y a Philippe Victoire de Vilmorin (1746-1807), grand connaisseur en plantes utiles et ornementales. Il est installé comme marchand de graines et de plantes au quai de la Mégisserie dans une boutique à l'enseigne *Au Roi des oiseaux et à la renommée*, ci-devant *Au coq de bonne foy*, qu'a créé son beau-père Pierre d'Andrieux, botaniste du Roi et successeur du Sieur le Fèvre, «maître et marchand grainier, fleuriste et aussi botaniste ordinaire du Roi». Andrieux avait épousé Claude Geoffroy, elle-même maîtresse grainière et c'est leur fille Adélaïde que Philippe Victoire de Vilmorin épousera en 1774. Parmentier fut le témoin de cette union qui devait se traduire à compter de 1775 par les raisons sociales «Andrieux et Vilmorin», puis, en 1780, «Vilmorin-Andrieux» et enfin «Vilmorin».

En 1747, Pierre d'Andrieux avait créé un jardin

d'essai rue de Reuilly où, d'ailleurs la graineterie Vilmorin-Andrieux sera située jusqu'en 1954.

Le premier «catalogue de toutes sortes de graines tant potagères que légumes, salades, graines de fleurs et oignons de fleurs, des plus excellents fruits, les plus rares et les plus estimés... qui se trouvent chez le sieur Andrieux... à l'enseigne du Roi des oiseaux...» date de 1766. Ce sera le préliminaire de la série des «Publications périodiques» de la Maison Vilmorin-Andrieux, publications où la qualité de l'information botanique et horticole sera égale à celle de l'illustration; cette dernière atteignant son sommet avec l' *Album Vilmorin* dont la publication commence au milieu du siècle dernier.

Les Vilmorin ne furent pas que producteurs et marchands de semences et de plantes. Leur contribution et celle de leurs collaborateurs à la connaissance botanique et agronomique des végétaux utiles, ornementaux compris, fut considérable. En 1802, Parmentier confie aux Vilmorin une précieuse collection de clones de pomme de terre; Philippe Victoire travaille à l'amélioration de betterave et du rutabaga. Son fils, Philippe André (1776-1862) développe les champs d'expérience de Verrières, crée l'*arboretum* des Barres et conduit d'originales recherches sur la variabilité des végétaux cultivés.

Son fils, Louis François (1816-1860) va s'intéresser en liaison avec les savants du Muséum d'Histoire Naturelle à l'hérédité végétale et on lui doit, en 1857, une communication à l'Académie des sciences sur «la création d'une nouvelle race de betterave et sur l'hérédité chez les végétaux», ce qui d'ailleurs sera le sujet de la thèse de Jacques de Vilmorin (1882-1933) et il faudrait encore mentionner les contributions scientifiques de Henry de Vilmorin qui donne à l'entreprise un rayonnement international. Maurice de Vilmorin (1849-1918) et surtout Philippe de Vilmorin (1872-1917) vont présider à la période du plus grand rayonnement de la Maison Vilmorin-Andrieux. C'est de leur temps qu'est réalisé et publié cet *Album Vilmorin*. Devenu chef de la Maison en 1899, Philippe profite de l'Exposition universelle de cette même année pour accroître encore la renommée de l'entreprise. Il fait alors publier un «catalogue général de graines» dont la couverture est un petit chef-d'œuvre d'art floral. C'est lui qui, comme on l'a dit plus haut, crée le musée d'économie botanique de Verrières ou se trouve notamment l'étonnante collection de moulages en plâtre colorié de multiples fruits et légumes.

Une quinzaine de peintres furent employés par la Maison Vilmorin pour constituer une collection d'iconographie agrobotanique. La plupart avait reçu leur formation d'artiste-naturaliste au Jardin des Plantes. C'est notamment le cas d'Elisa Champin à qui l'on doit une grande partie des plus belles planches de l'*Album Vilmorin* des Plantes potagères.

De telles œuvres comme l'*Album Vilmorin* et les autres publications illustrées de la Maison Vilmorin-Andrieux n'ont pas qu'un intérêt artistique. Elles sont aujourd'hui des sources précieuses pour ceux, de plus en plus nombreux, qui se consacrent à la recherche des variétés anciennes, voir disparues ou préservées telles, d'espèces légumières et fruitières.

Elles sont aussi de précieux outils pour l'étude de la variabilité végétale et de l'évolution cultivariétale des flores cultivées.

JACQUES BARRAU,
professeur au Muséum d'Histoire Naturelle de Paris.

Planche n° 1

Oignon jaune des Vertus ou paille. *1*

Oignon de Cambrai. *2*

Oignon rouge plat de Madère. *3*

Oignon blanc gros. *4*

Oignon rouge très foncé de Brunswick. *5*

Oignon rouge foncé ordinaire. *6*

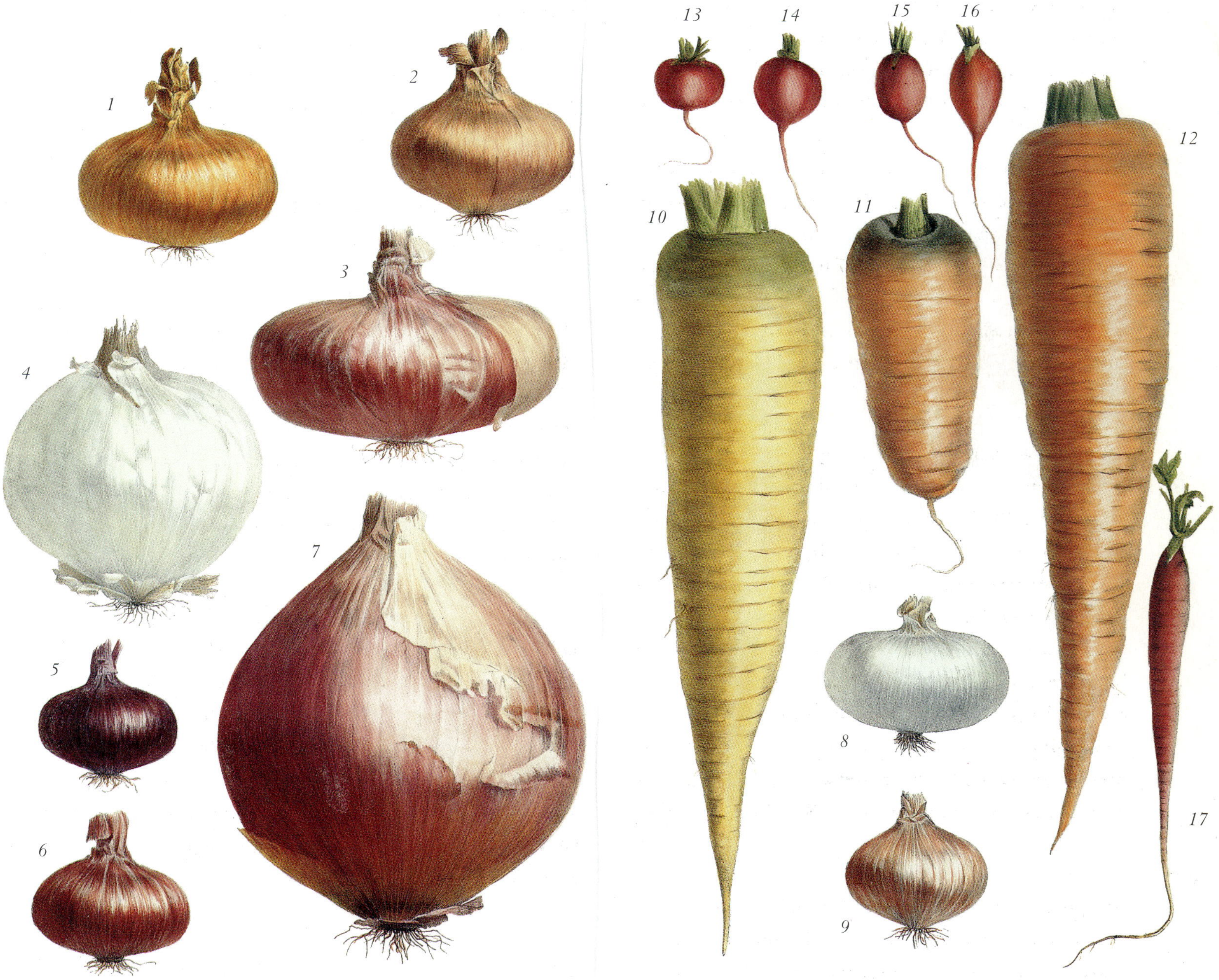

Oignon gros rond de Madère. *7*

Oignon blanc hâtif. *8*

Oignon rouge pâle. *9*

Carotte jaune longue. *10*

Carotte rouge courte hâtive. *11*

Carotte rouge longue. *12*

Radis rose rond hâtif. *13*

Radis rose rond ordinaire. *14*

Radis rose demi-long. *15*

Radis demi-long écarlate. *16*

Rave rose longue. *17*

Planche n° 2

1 Betterave champêtre ou disette.

2 Carotte blanche à collet vert.

3 Carotte rouge longue d'Altringham.

4 Radis rose d'hiver de Chine.

5 Radis long des Vertus.

6 Radis gris d'été.

7 Radis jaune d'été.

8 Navet Turnep.

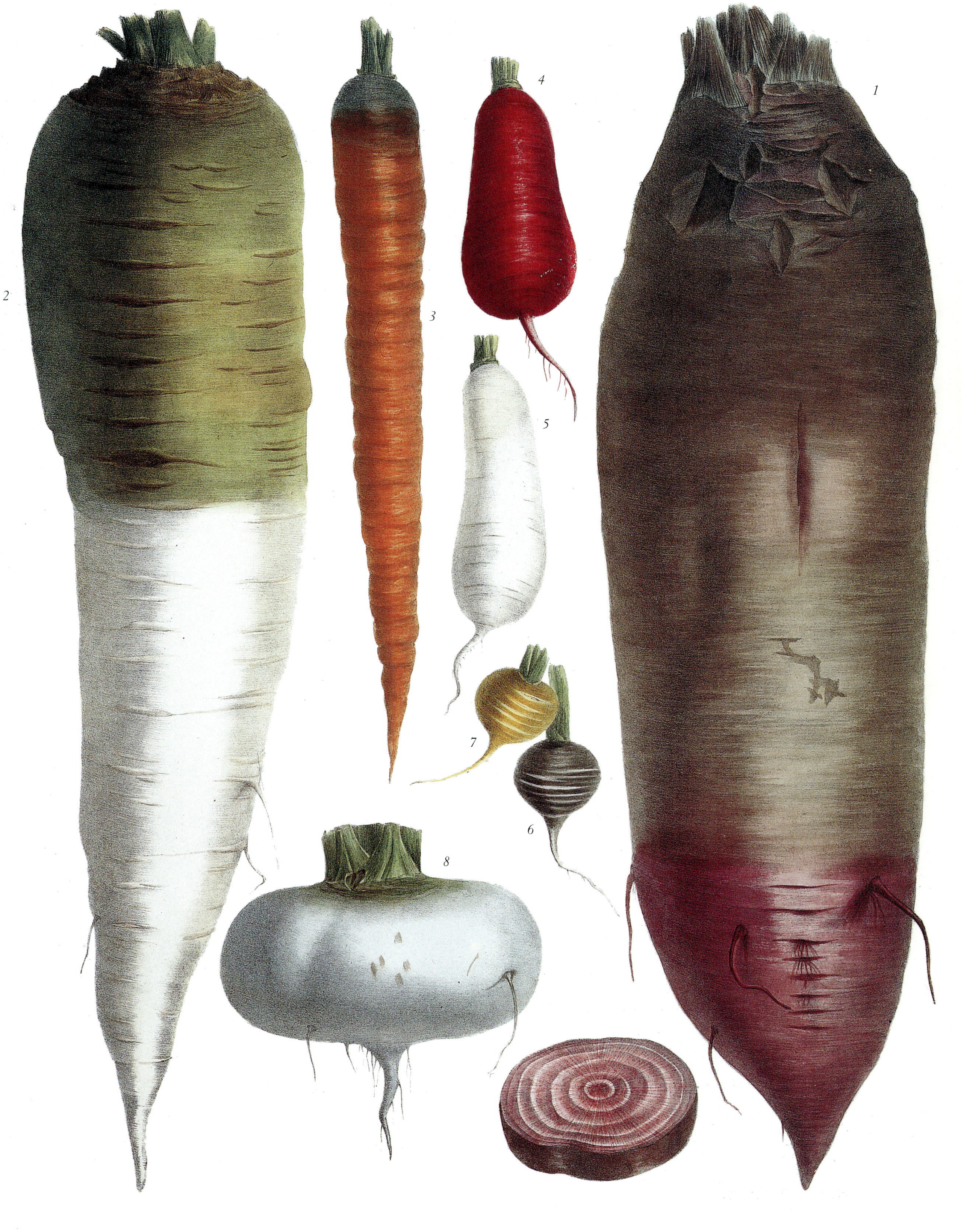
1
2
3
4
5
6
7
8

Planche n° 3

1 Betterave jaune globe.

2 Navet jaune de Finlande.

3 Carotte rouge longue à collet vert.

4 Chou-Rutabaga.

5 Panais rond.

6 Oignon soufre d'Espagne.

7 Oignon poire.

8 Navet rouge plat hâtif.

9 Radis jaune très hâtif.

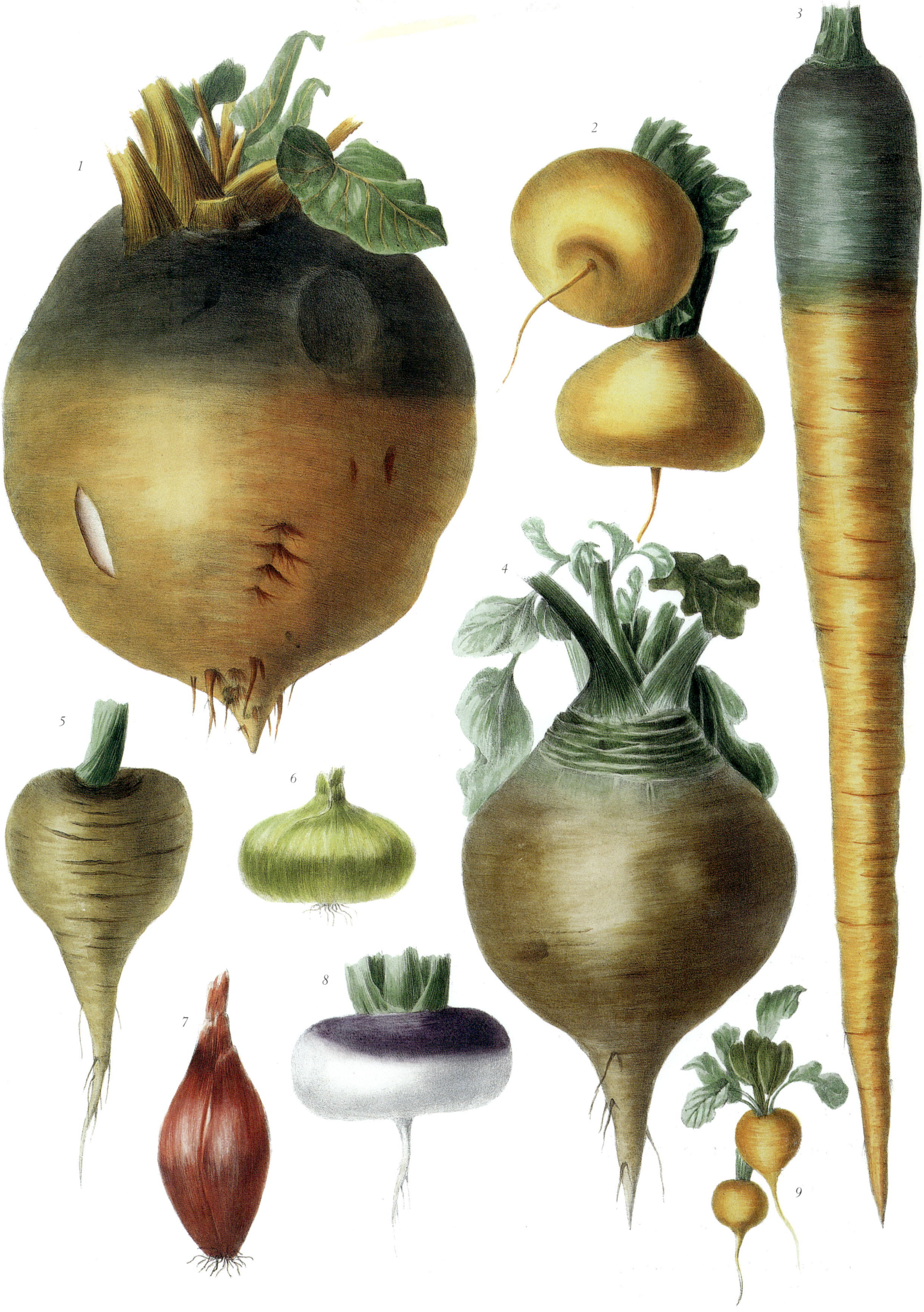
1
2
3
4
5
6
7
8
9

Planche n° 4

1 Carotte rouge très courte.

2 Carotte rouge demi-longue.

3 Carotte blanche des Vosges.

4 Navet rose du Palatinat.

5 Betterave rouge foncée de Whyte.

6 Betterave jaune grosse.

7 Chou-Rave blanc.

8 Oignon blanc très hâtif de Nocera.

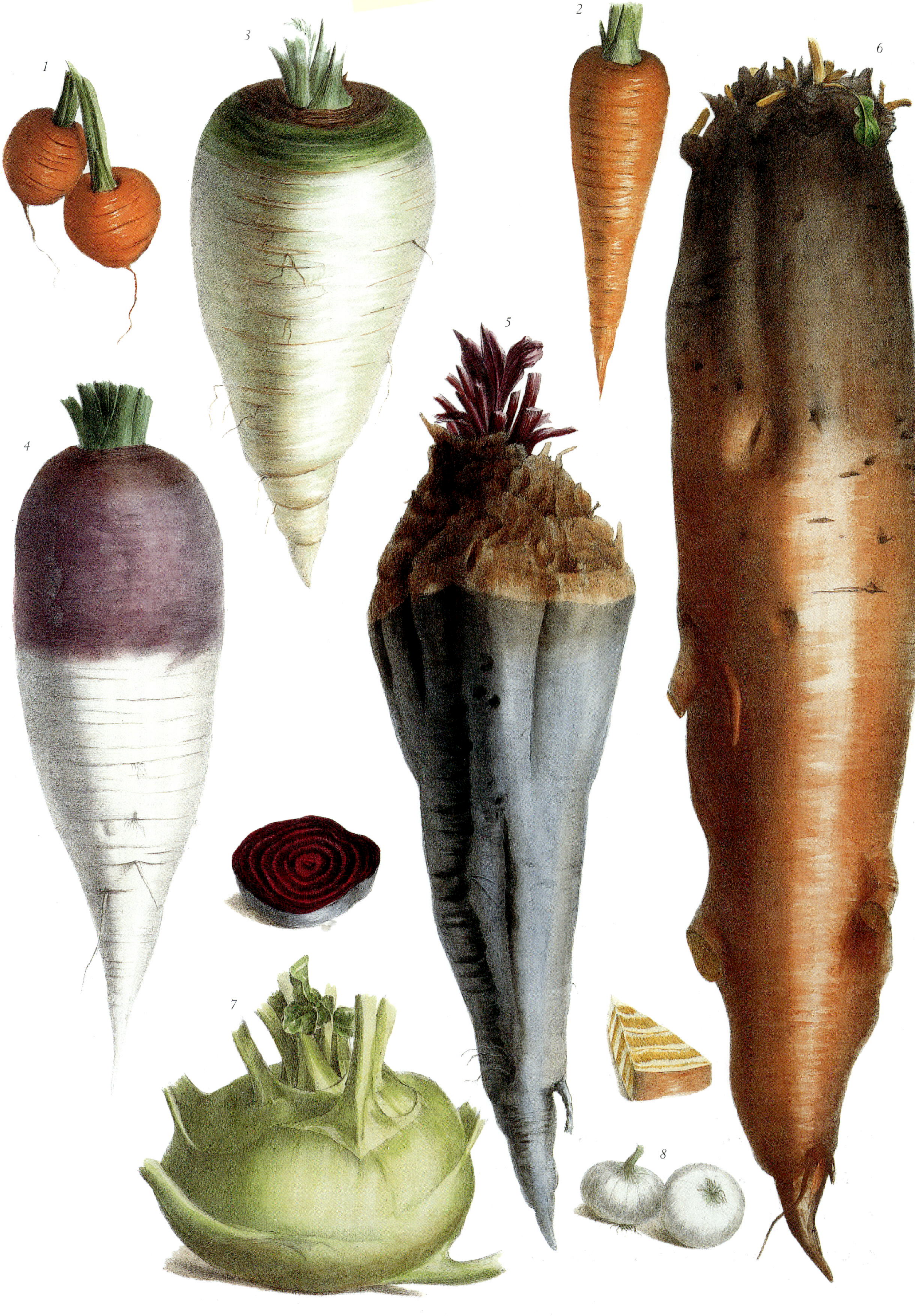
1
2
3
4
5
6
7
8

PLANCHE N° 5

1 BETTERAVE JAUNE D'ALLEMAGNE.

2 BETTERAVE ROUGE NAINE.

3 POIREAU GROS DE ROUEN.

4 HARICOT D'ALGER.

5 TOMATE JAUNE GROSSE.

6 MELON ANANAS D'AMÉRIQUE.

7 NAVET JAUNE DE ROBERTSON.

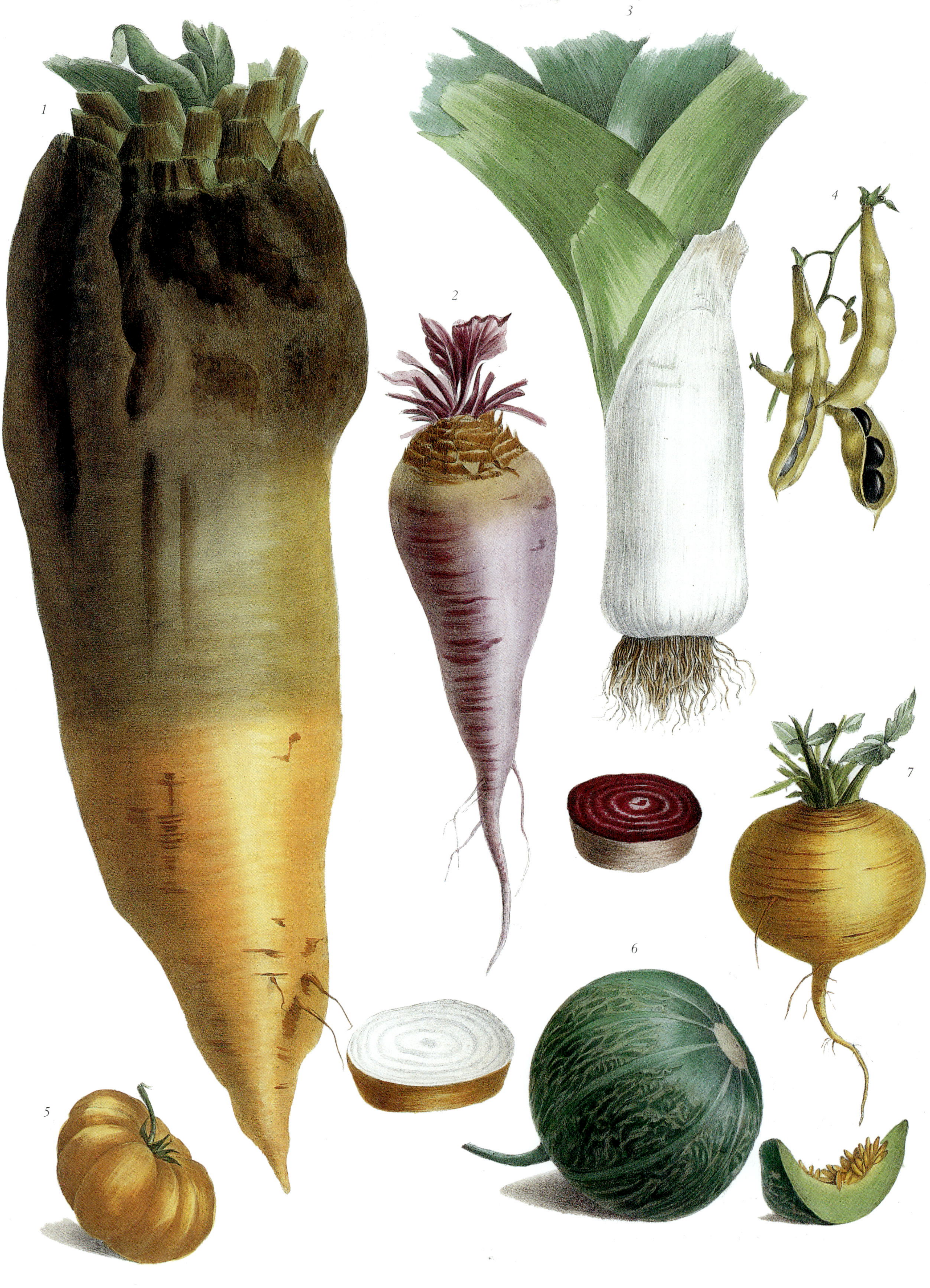
1
2
3
4
5
6
7

Planche n° 6

1 Carotte rouge pâle de Flandre.

2 Courge à la moelle. Moelle végétale.

3 Betterave Turnep rouge hâtive.

4 Navet de Freneuse.

5 Navet gros d'Alsace.

6 Aubergine violette longue.

7 Betterave rouge écorce.

8 Oignon de Danvers.

9 Pomme de terre Kidney ou Marjolin.

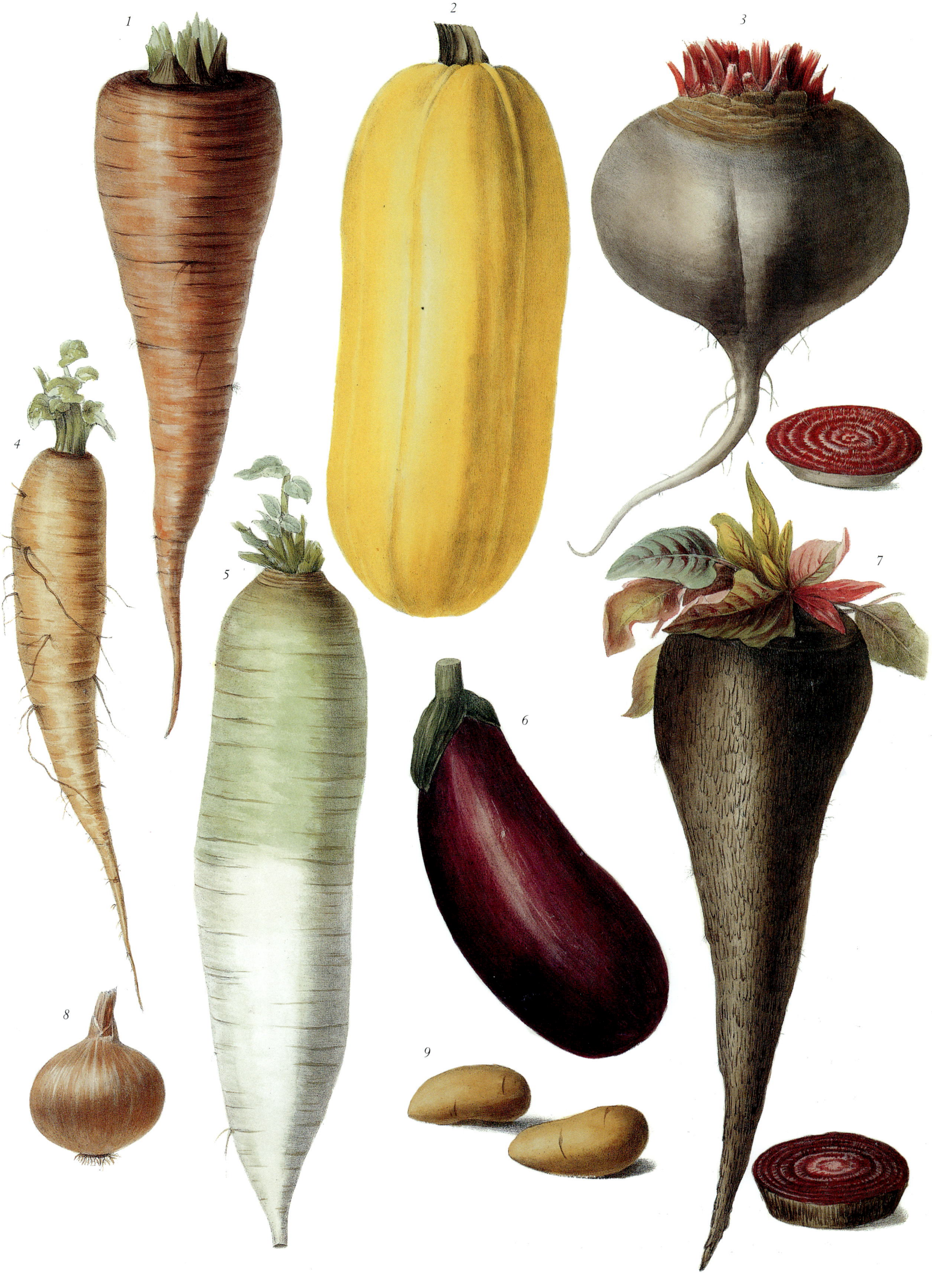
1
2
3
4
5
6
7
8
9

PLANCHE N° 7

CHOU DE MILAN DES VERTUS.

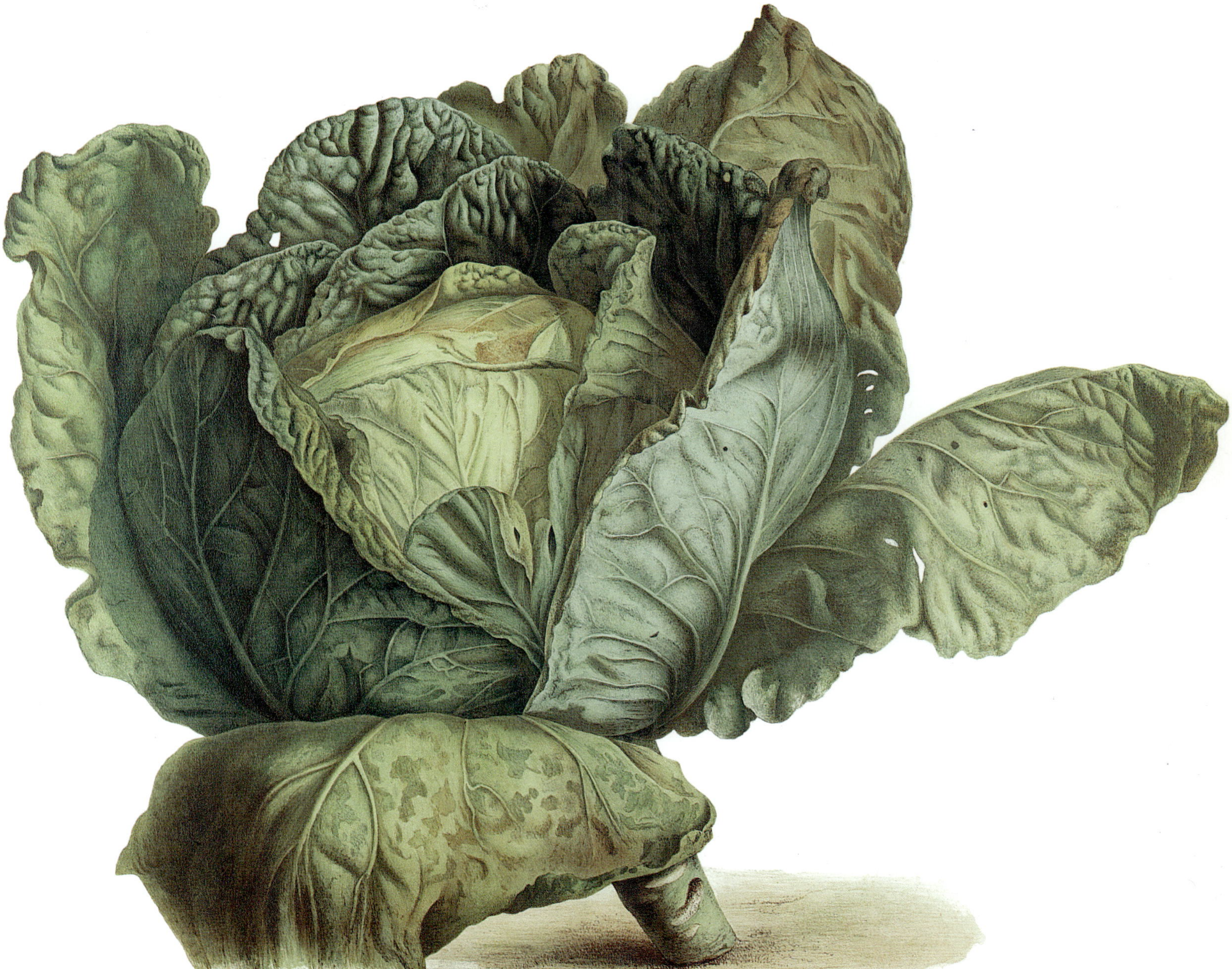

Planche n° 8

1 Betterave blanche à sucre.

2 Poireau long.

3 Concombre hâtif de Hollande.

4 Carotte violette.

5 Tomate poire.

6 Tomate cerise.

7 Radis violet rond.

8 Radis blanc rond.

9 Melon Cantaloup prescott

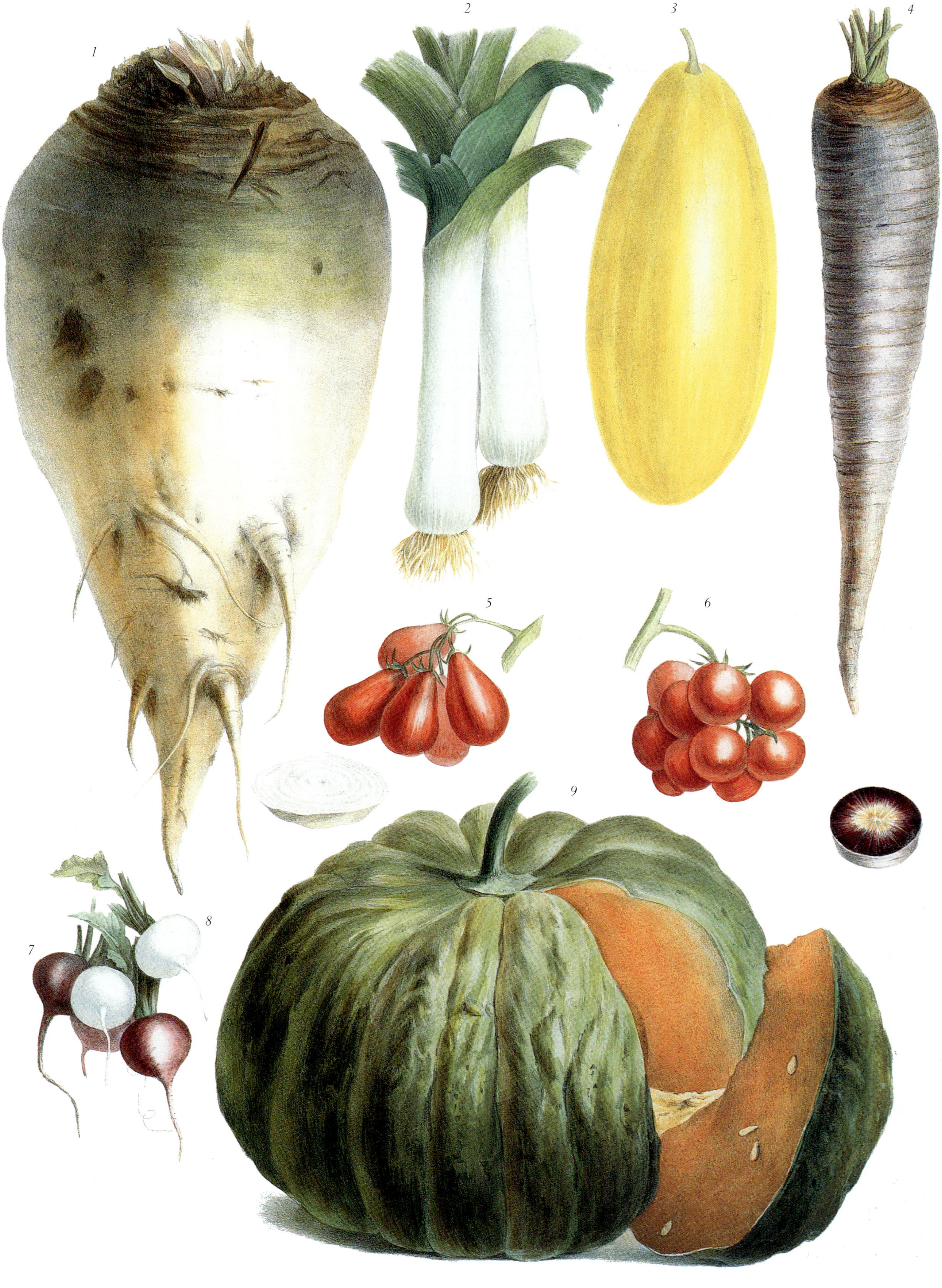
1
2
3
4
5
6
7
8
9

Planche n° 9

1 Chou-Fleur demi-dur de Paris.

2 Betterave disette blanche.

3 Pomme de terre Chave.

4 Pomme de terre jaune longue de Hollande.

5 Cerfeuil tubéreux.

6 Chou marin ou Crambé.

7 Patisson jaune et panaché.

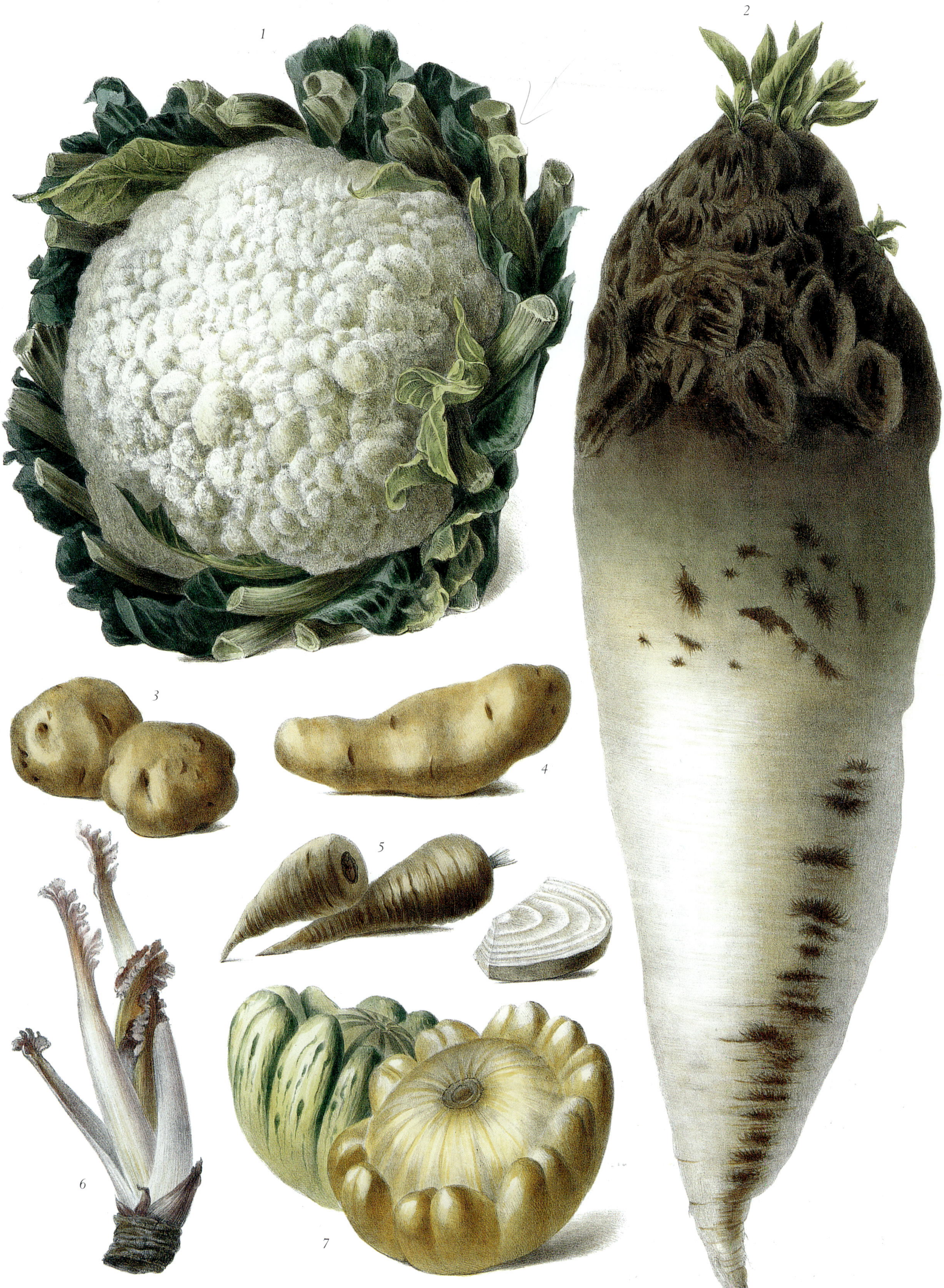
1
2
3
4
5
6
7

PLANCHE N° 10

1 PIMENT LONG ORDINAIRE.

2 PIMENT GROS CARRÉ DOUX.

3 NAVET DE MEAUX.

4 CONCOMBRE À CORNICHONS.

5 POMME DE TERRE VITELOTTE.

6 ASPERGE DE HOLLANDE.

7 ROMAINE BLONDE MARAÎCHÈRE.

8 NAVET BORDER IMPÉRIAL.

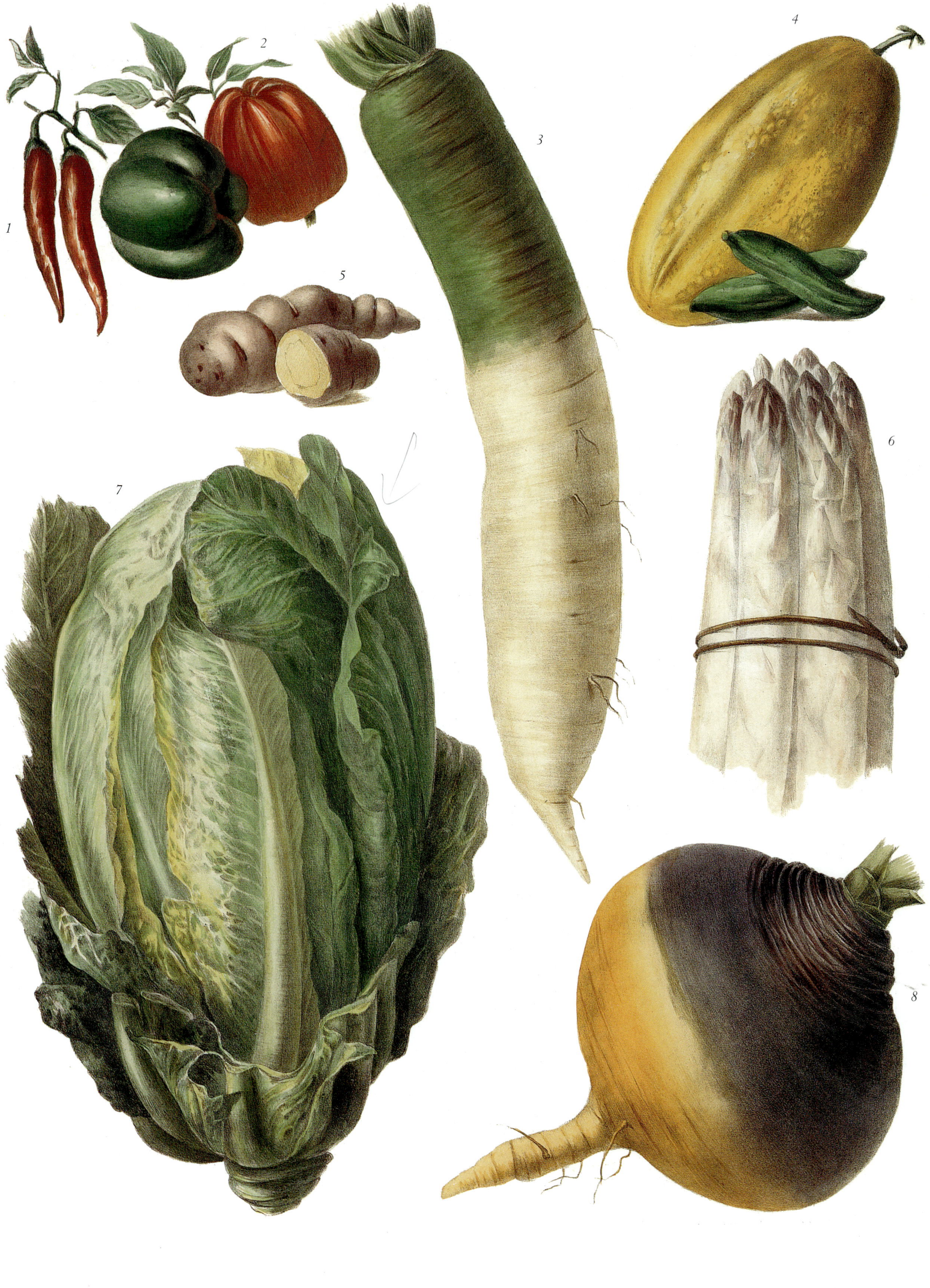
1
2
3
4
5
6
7
8

PLANCHE N° 11

1 Céleri-Rave.

2 Radis noir d'hiver.

3 Panais long.

4 Chou d'York hâtif.

5 Rhubarbe (Queen Victoria).

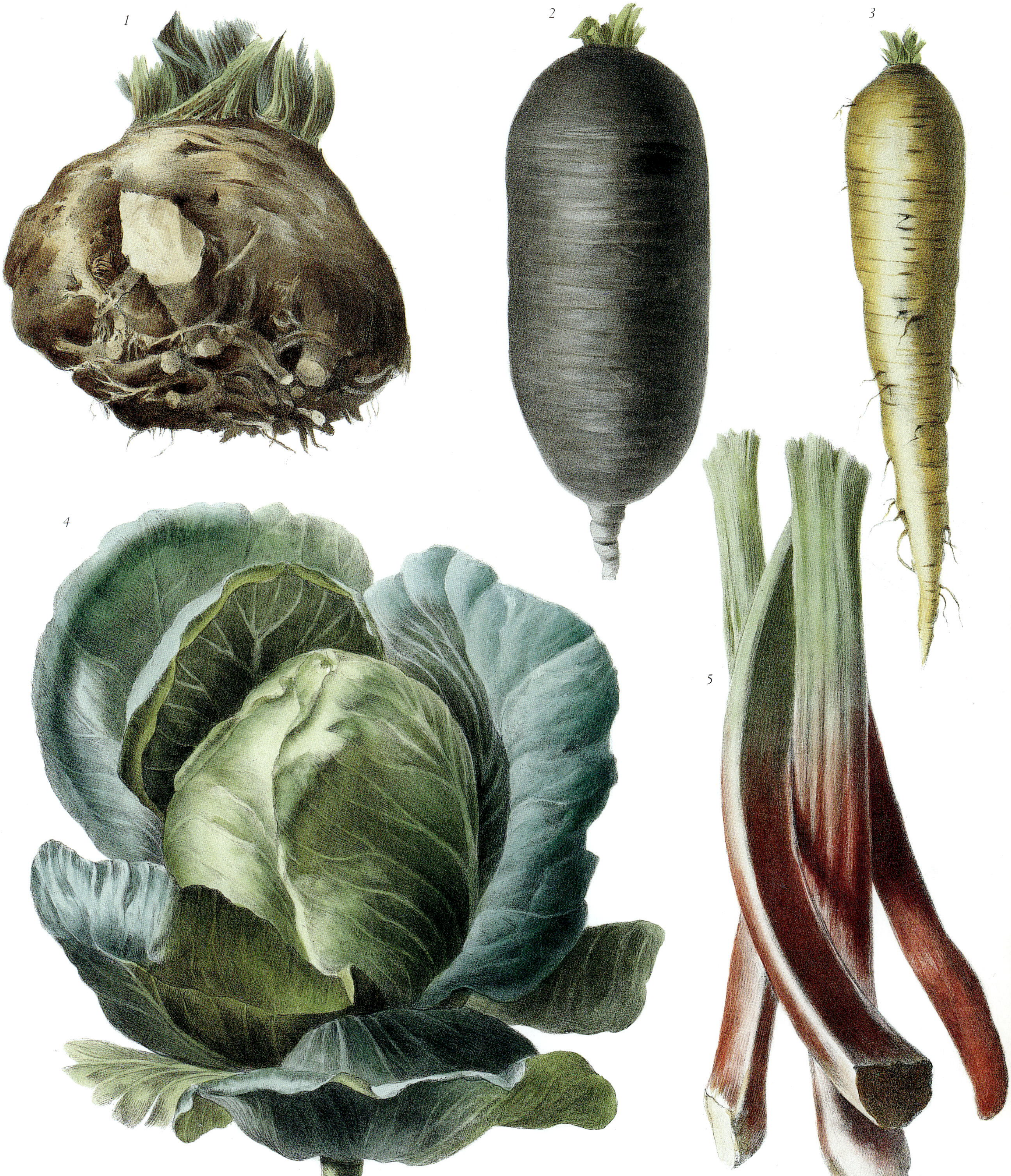
1
2
3
4
5

Planche n° 12

1 Rave violette.

2 Navet-Rave du Limousin.

3 Topinambour.

4 Betterave jaune des Barres.

5 Scorsonère.

6 Tomate rouge grosse.

7 Courge sucrière du Brésil.

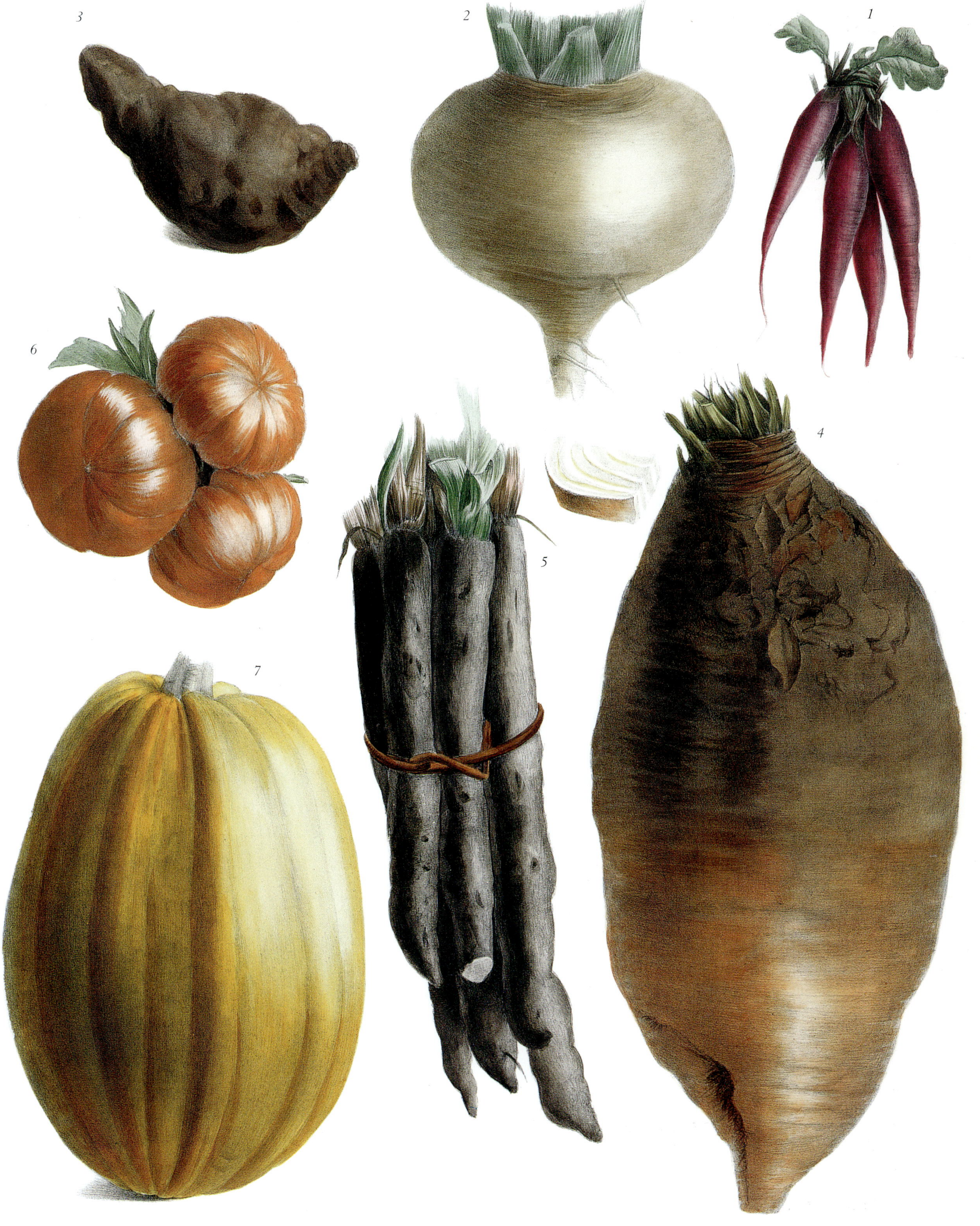
3
2
1
6
4
5
7

Planche n° 13

1 Poirée à carde blanche.

2 Poirée à carde rouge.

3 Poirée à carde jaune.

4 Oignon globe.

5 Chou-Rutabaga de Skirving.

6 Salsifis blanc.

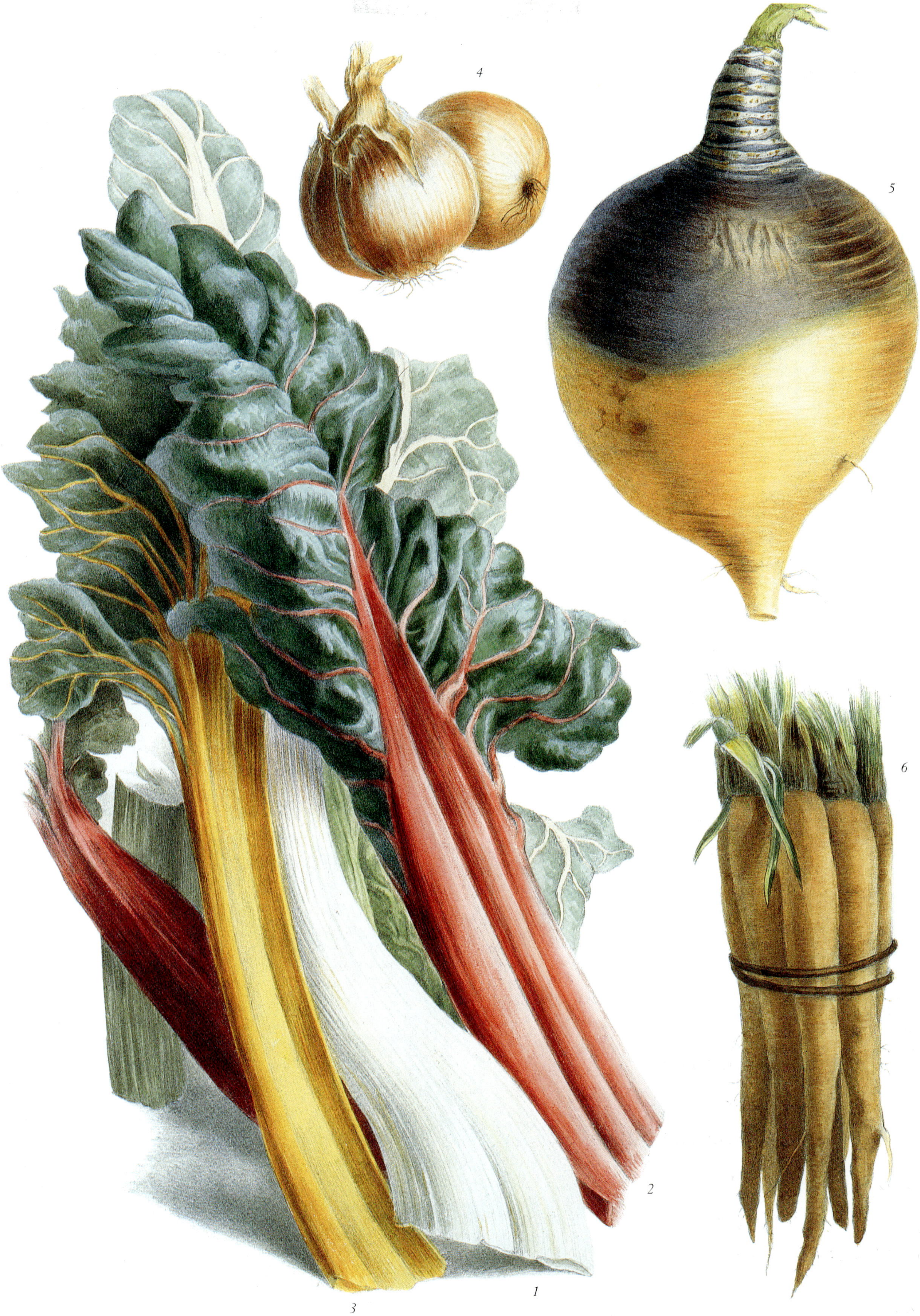
4
5
6
2
1
3

Planche n° 14

1 Chou-Rave violet très hâtif de Vienne.

2 Melon sucrin à chair blanche.

3 Rave blanche à collet vert.
Rave blanche à collet violet.

4 Carotte jaune courte.

5 Navet blanc plat hâtif à feuille entière.

6 Laitue grosse brune paresseuse.

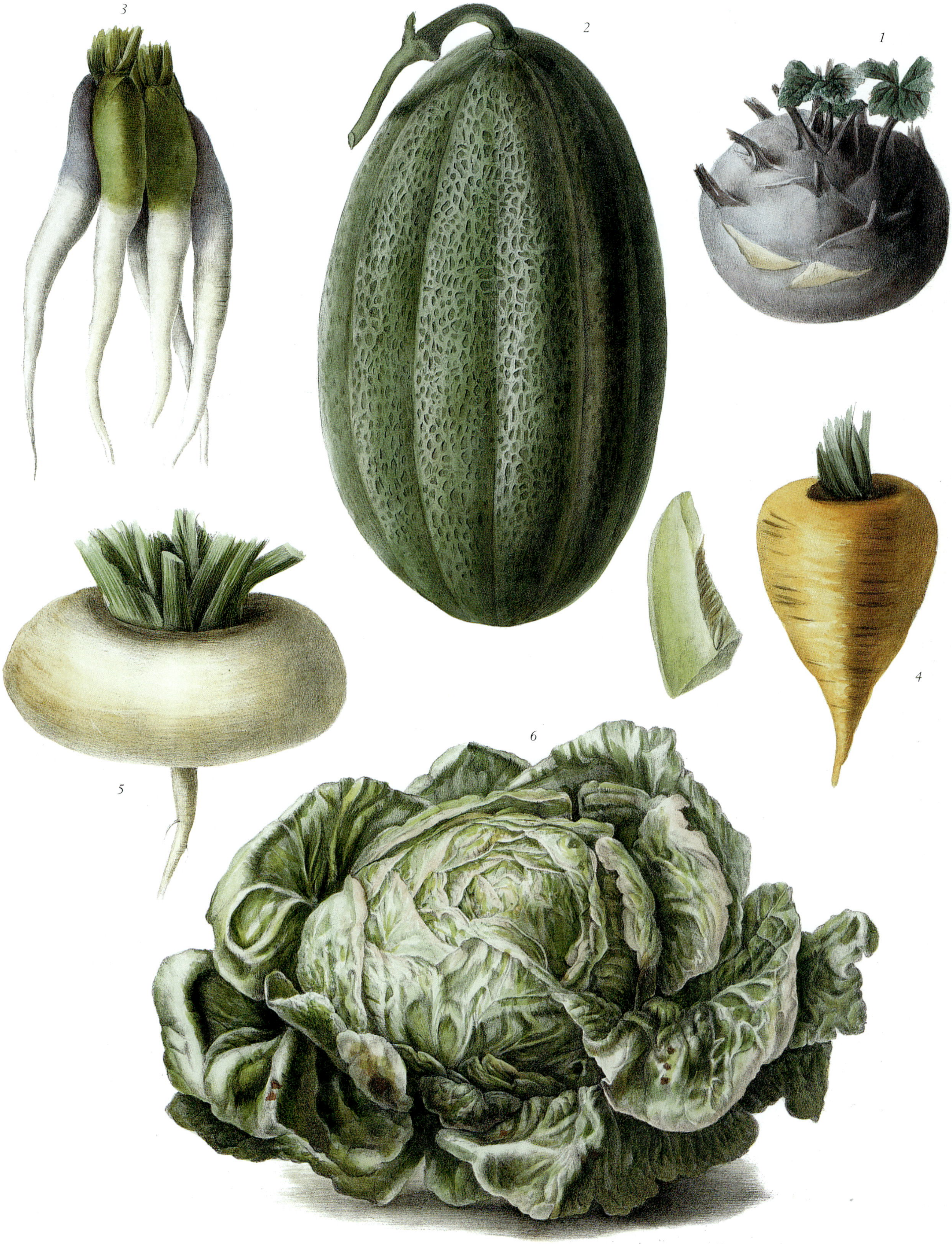
3
2
1
4
6
5

Planche n° 15

1 Champignon comestible.

2 Navet rond de Croissy.

3 Pomme de terre rouge de Hollande.

4 Chou de Bruxelles.

5 Melon Cantaloup noir des Carmes.

6 Patate violette.

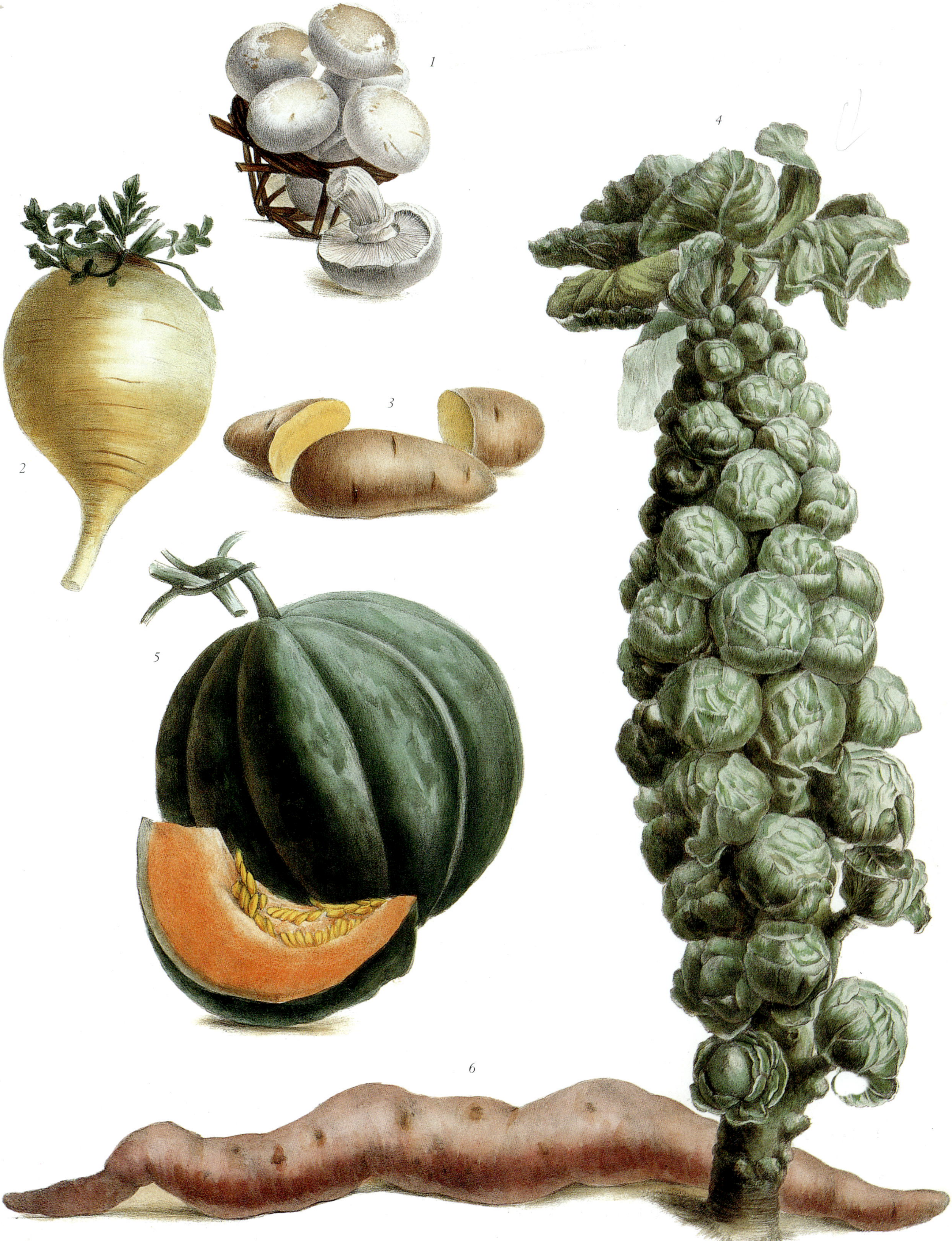
1
2
3
4
5
6

Planche n° 16

1 Concombre vert long anglais.

2 Raiponce.

3 Artichaut gros vert de Laon.

4 Piment tomate.

5 Radis rond violet hâtif.

6 Betterave globe rouge.

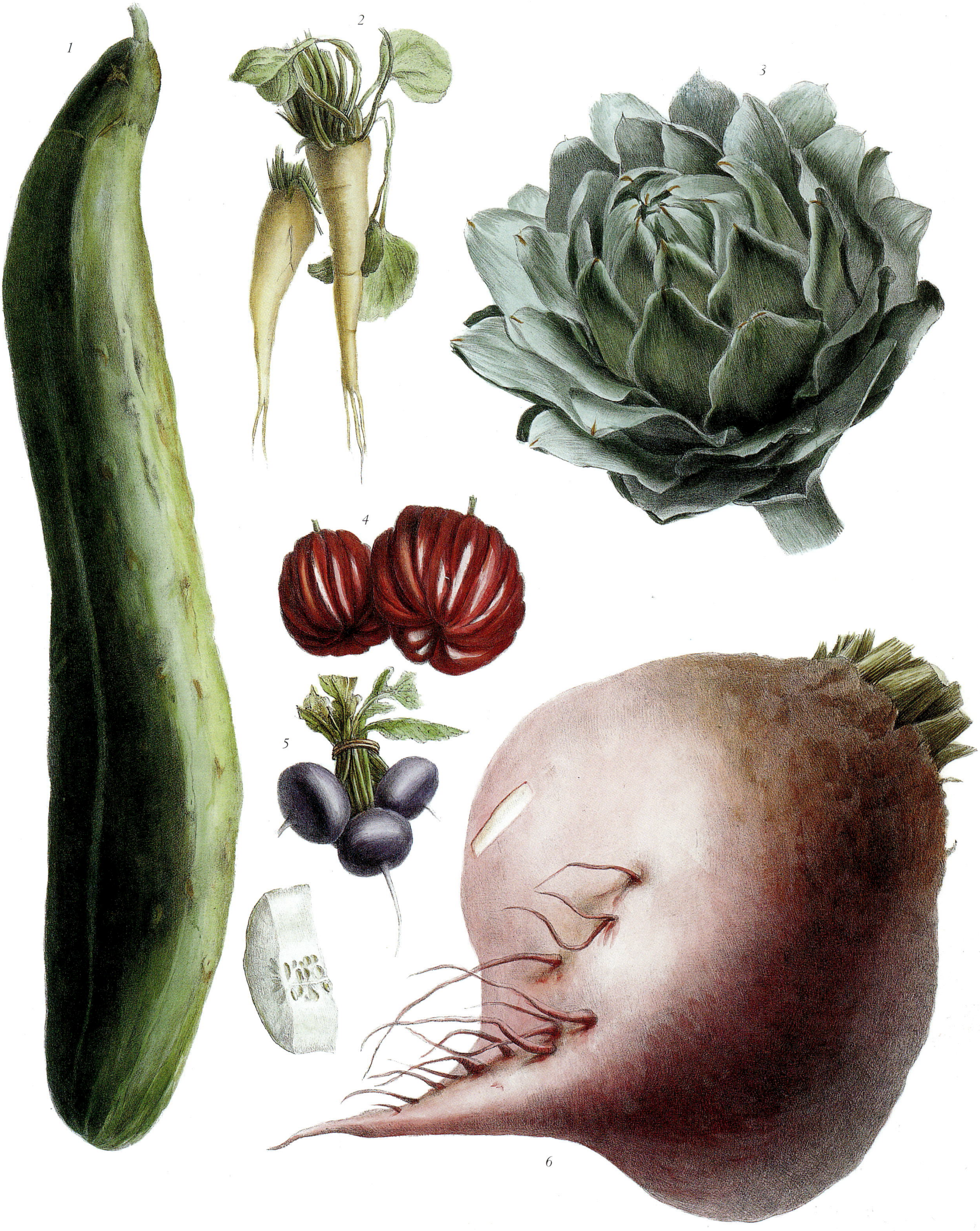
1
2
3
4
5
6

PLANCHE N° 17

1 CHICORÉE SAUVAGE, BARBE DE CAPUCIN.

2 NAVET NOIR LONG.

3 COURGE MARRON.

4 POIS DE COMMENCHON.

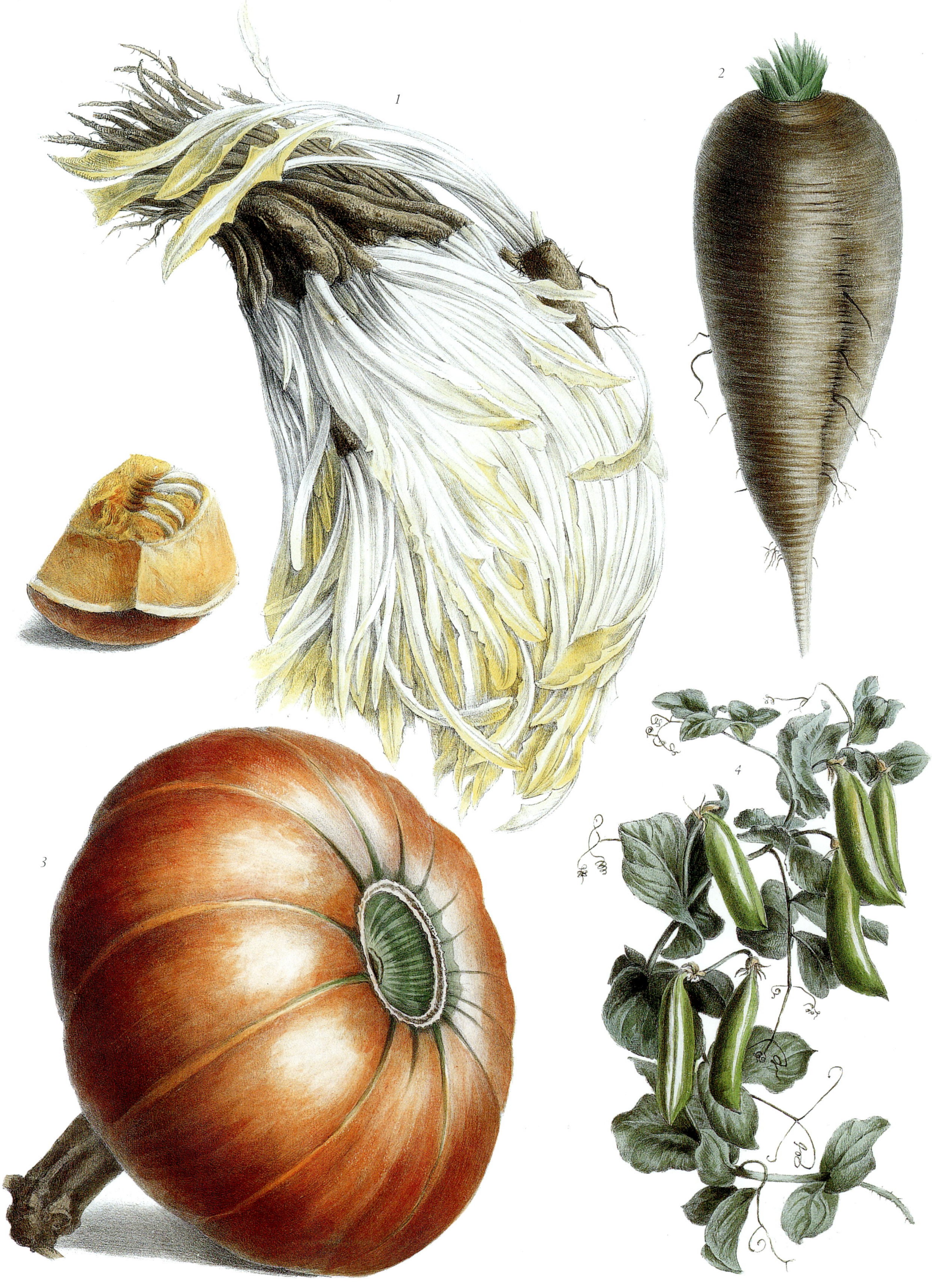
1
2
3
4

PLANCHE N° 18

1 BETTERAVE ROUGE GROSSE À SALADE.

2 NAVET-RAVE D'AUVERGNE.

3 POMME DE TERRE TRUFFE D'AOÛT.

4 POMME DE TERRE BLANCHARD.

5 RADIS DEMI-LONG ROSE À BOUT BLANC.

6 RAVE VIOLETTE HÂTIVE.

7 MELON CANTALOUP PRESCOTT HÂTIF À CHÂSSIS.

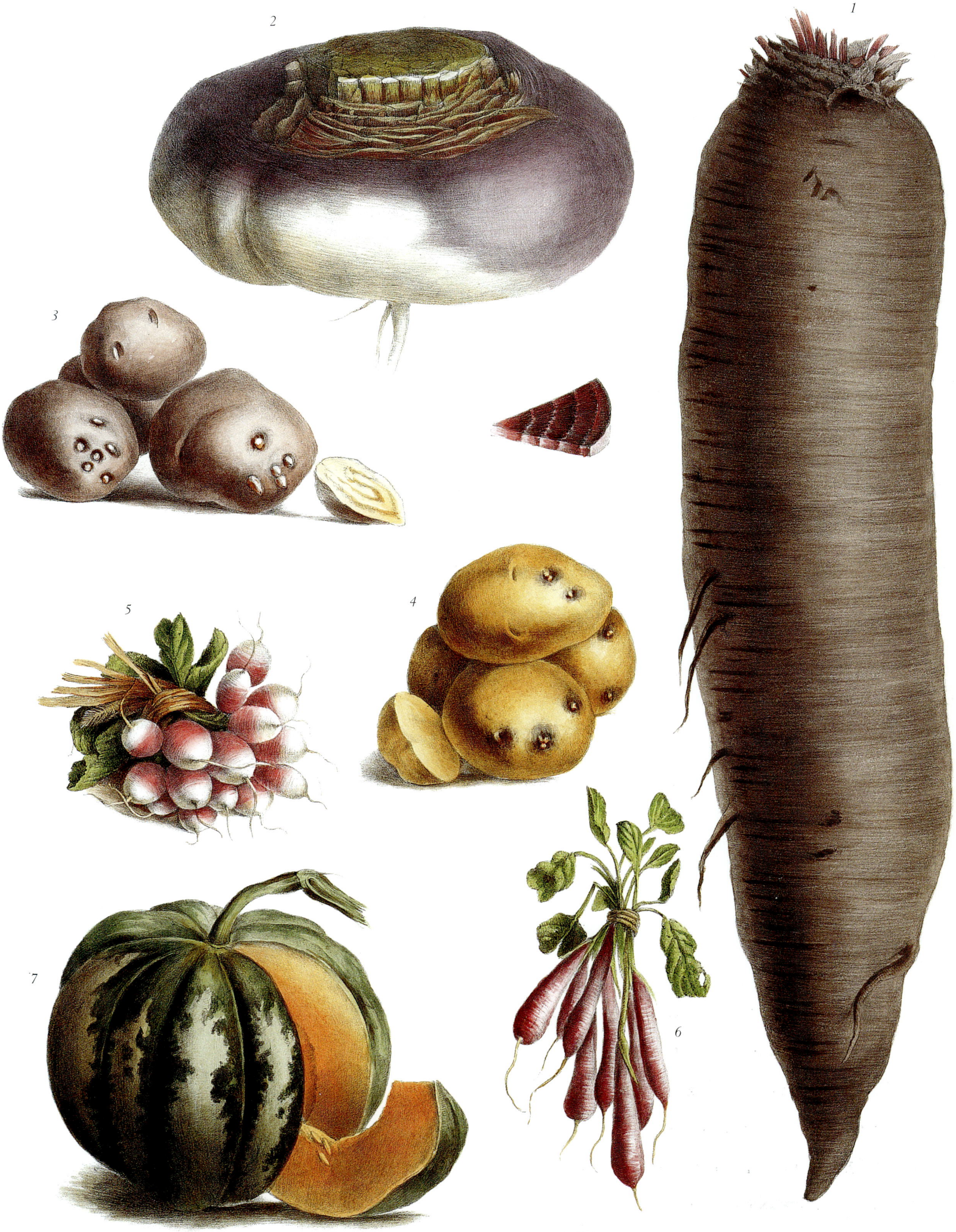
1
2
3
4
5
6
7

PLANCHE N° 19

1 CÉLERI PLEIN BLANC COURT HÂTIF (TURC NAIN).

2 POMME DE TERRE POUSSE-DEBOUT.

3 POMME DE TERRE CONFÉDÉRÉE.

4 AIL ROSE HÂTIF.

5 RADIS GROS BLANC D'AUGSBOURG.

6 CHOU ROUGE PETIT.

7 TOMATE JAUNE RONDE PETITE.

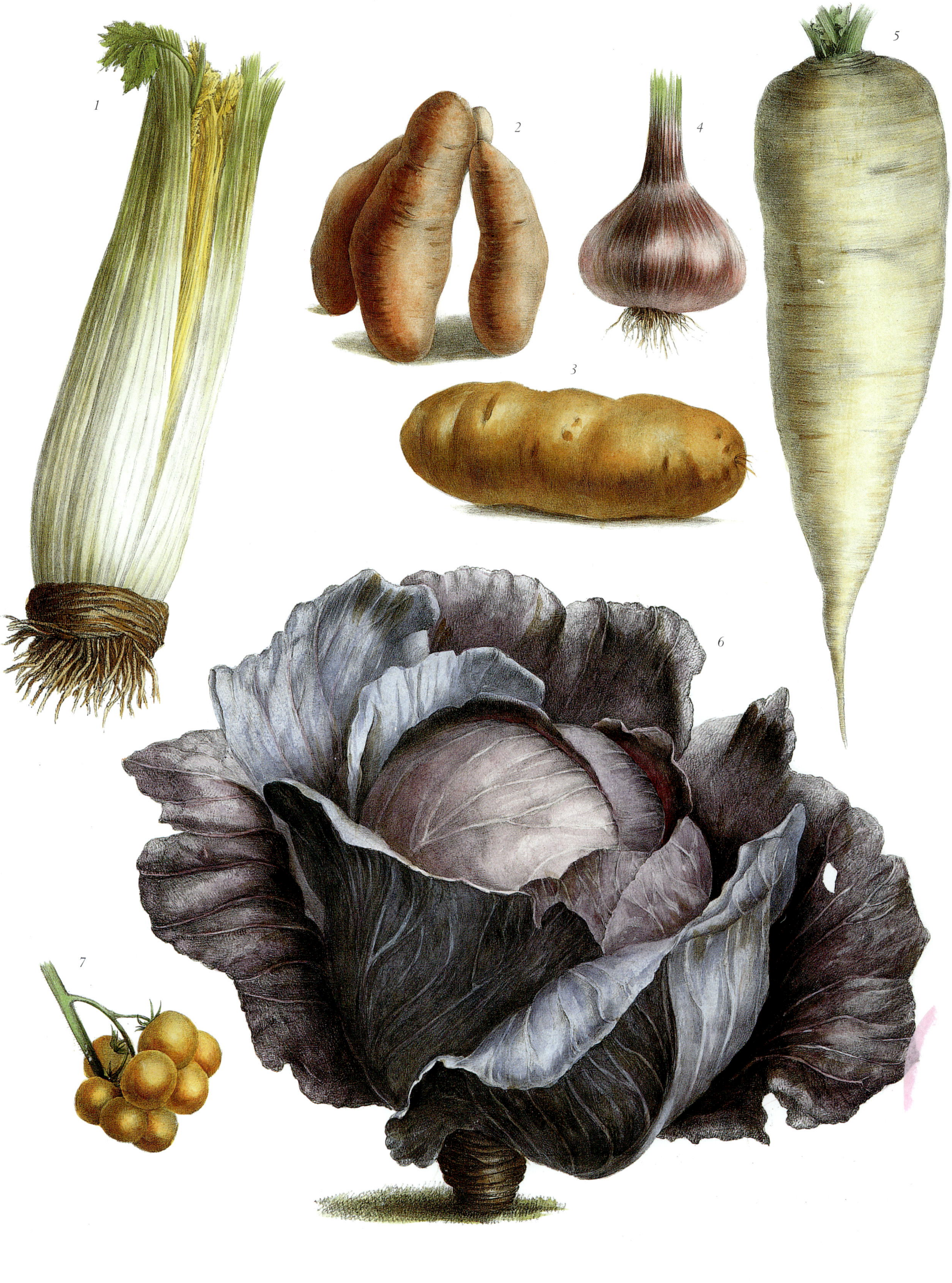
1
2
4
5
3
6
7

Planche n° 20

1 Mâche ronde ou doucette.

2 Chou-Rave blanc hâtif de Vienne.

3 Chou-Navet blanc.

4 Pomme de terre Saucisse (Généreuse).

5 Carotte rouge demi-longue Nantaise.

6 Capucine tubéreuse.

7 Oxalis crénelé ou tubéreux (O Crenata).

8 Oxalis rouge (Oca rouge).

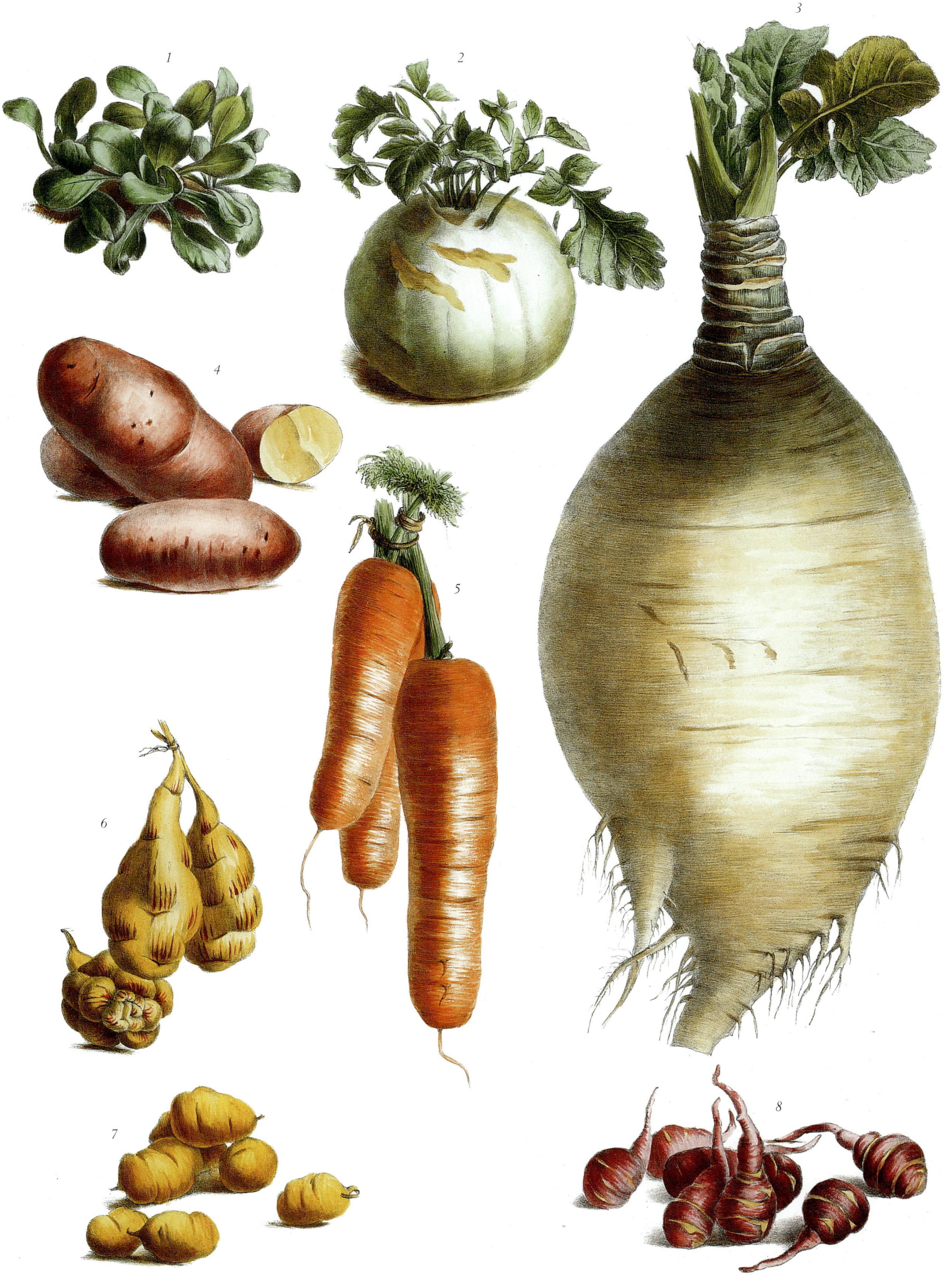
1
2
3
4
5
6
7
8

Planche n° 21

1 Pois d'Auvergne (Cosaque ou Serpette).

2 Navet noir rond ou plat.

3 Navet boule d'or.

4 Aubergine panachée de la Guadeloupe.

5 Aubergine blanche ronde (Plante aux œufs).

6 Chou de Milan hâtif, petit d'Ulm.

7 Haricot à cosse violette, sans parchemin.

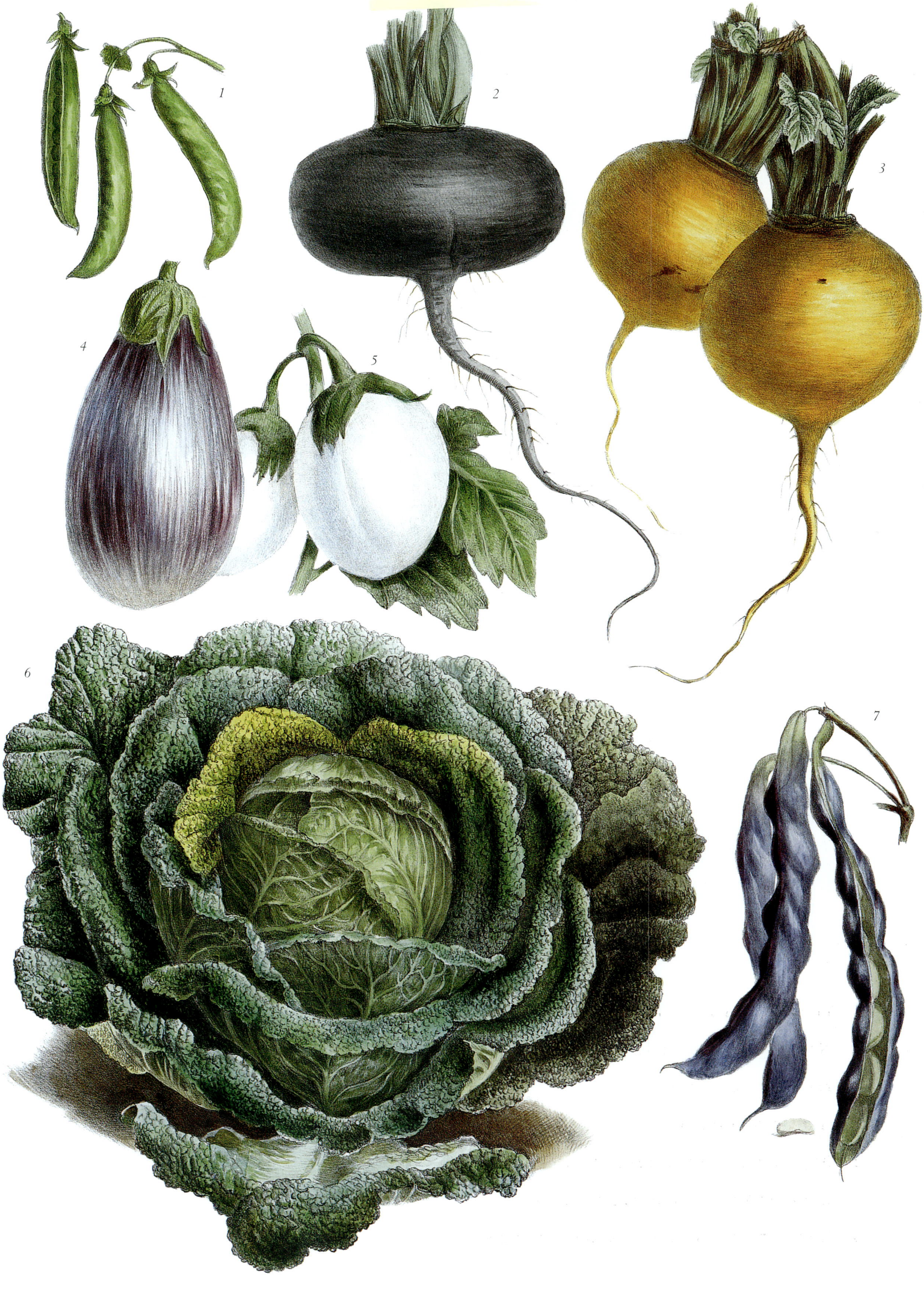
1
2
3
4
5
6
7

Planche n° 22

1 Betterave jaune-ronde sucrée.

2 Navet de Norfolk blanc.

3 Betterave rouge-noir plate d'Egypte.

4 Pois à cosse violette.

5 Pois sans parchemin à fleur rouge, cosse blanche.

6 Fève de Séville à très longue cosse, très hâtive.

7 Pois corne de bélier.

8 Oignon sous terre ou oignon patate.

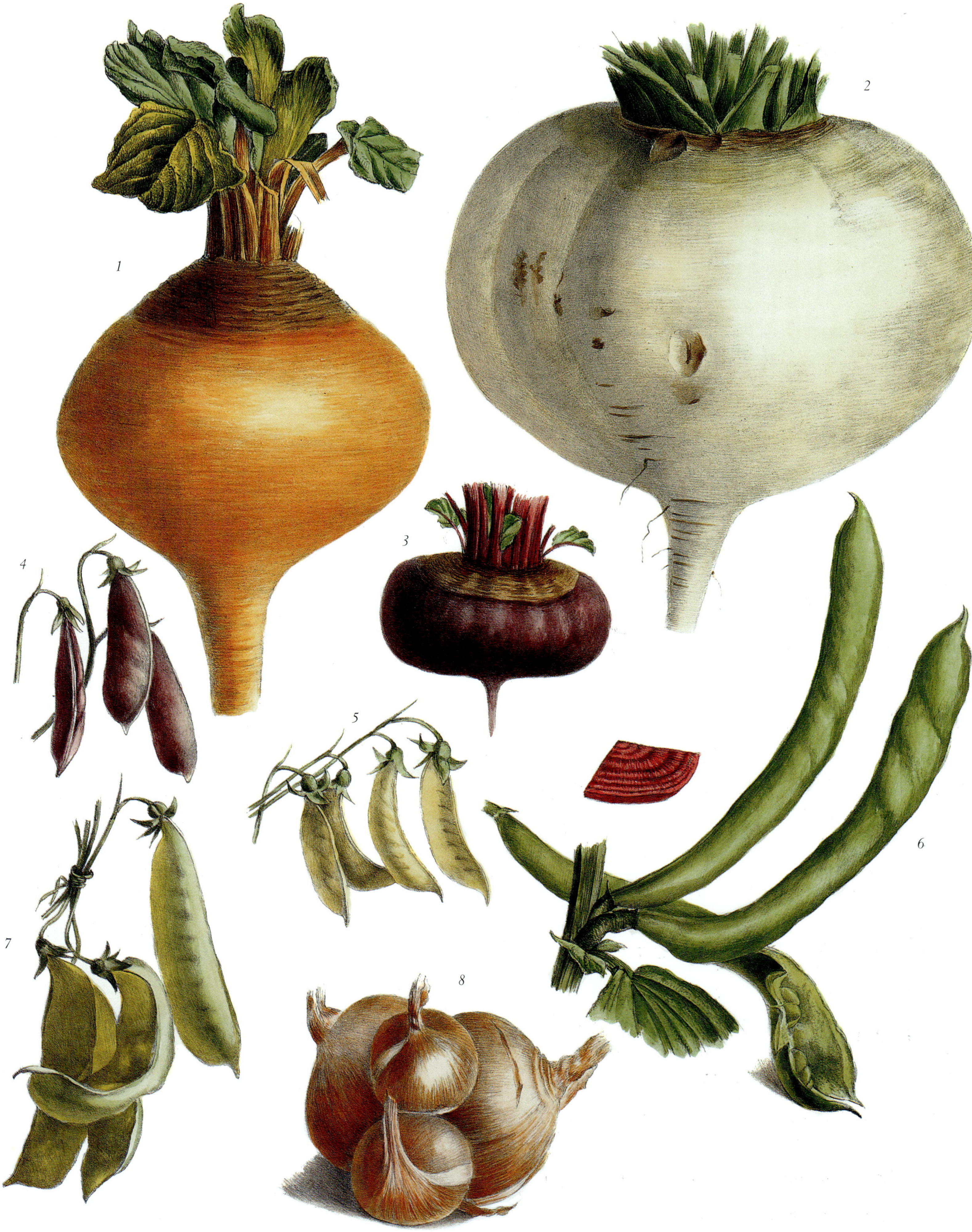
1
2
3
4
5
6
7
8

PLANCHE N° 23

1 AUBERGINE VIOLETTE RONDE TRÈS GROSSE OU MONSTRUEUSE.

2 GOMBO COMESTIBLE.

3 GIRAUMON TURBAN.

4 AUBERGINE VIOLETTE NAINE TRÈS HÂTIVE.

5 RADIS ROND ÉCARLATE.

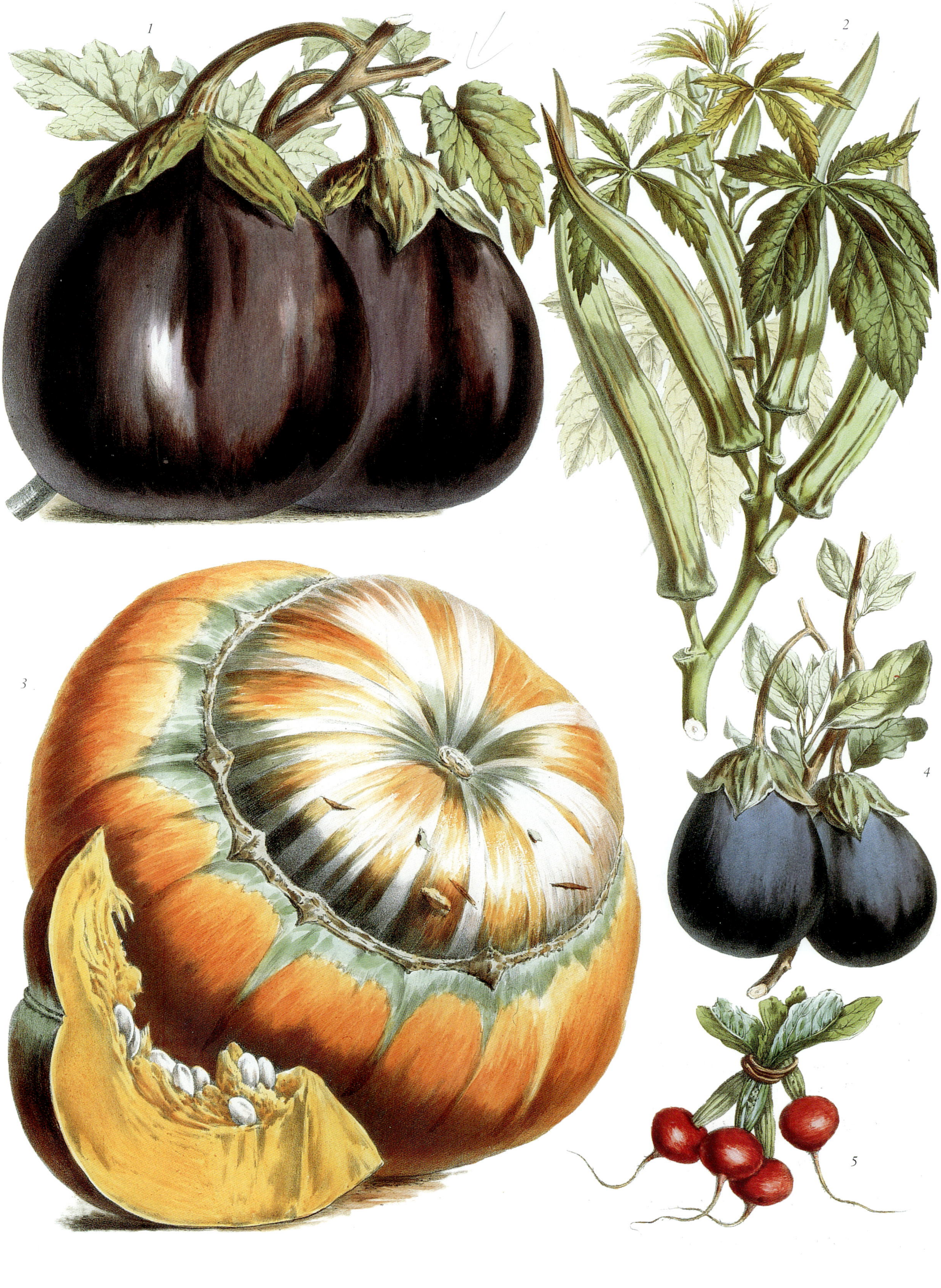
1
2
3
4
5

Planche n° 24

1 Chou-Rutabaga Sutton's Champion.

2 Chicorée Scarole ronde ou verte.

3 Echalotte ordinaire.

4 Echalotte de Jersey (d'Alençon).

5 Radis demi-long blanc.

6 Radis rond blanc.

7 Radis rond blanc petit hâtif.

8 Navet jaune de Hollande.

9 Melon Cantaloup orange.

10 Piment cerise.

11 Piment du Chili.

12 Piment jaune long.

13 Piment long de Cayenne.

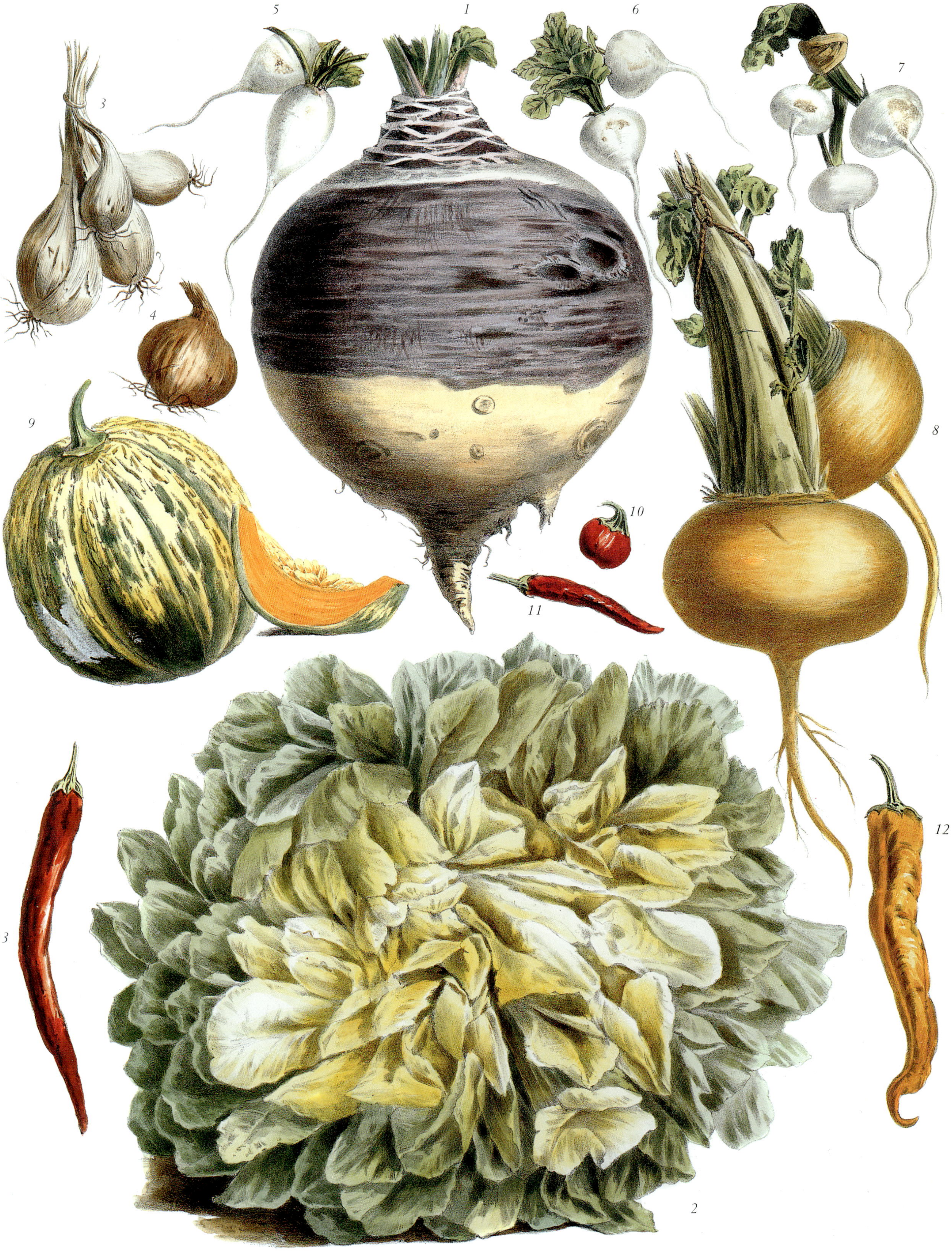
5
1
6
3
7
4
9
8
10
11
12
13
2

PLANCHE N° 25

1 POMME DE TERRE VITELOTTE.

2 OIGNON ROUGE VIF DE MÉZIÈRES.

3 MELON DE PERSE OU D'ODESSA.

4 NAVET ROND DE CROISSY OU ROND DES VERTUS.

5 LAITUE PALATINE.

6 RADIS VIOLET GROS D'HIVER.

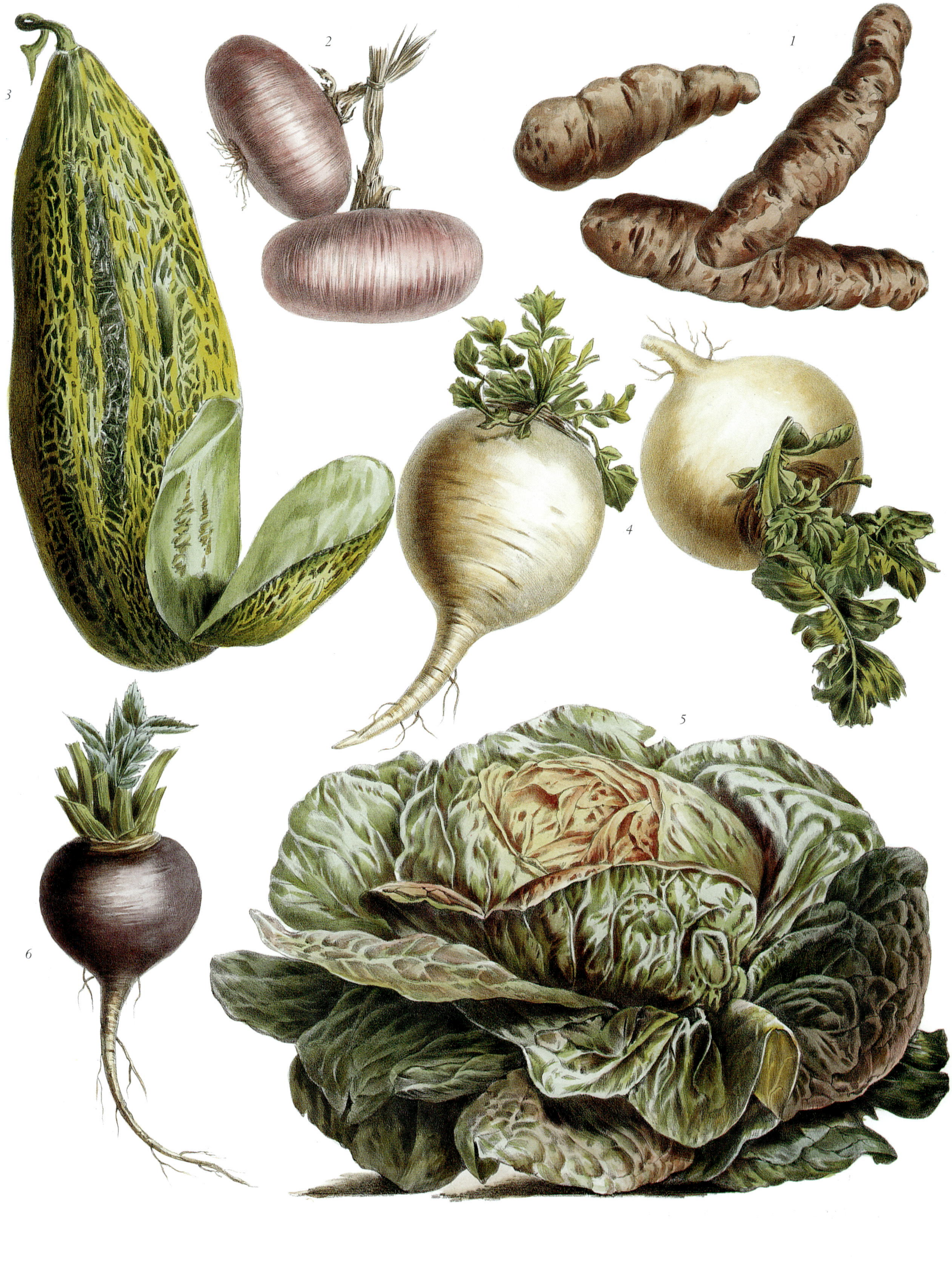
1
2
3
4
5
6

PLANCHE N° 26

1 POIS NAIN TRÈS HÂTIF À CHÂSSIS.

2 CONCOMBRE BRODÉ DE RUSSIE.

3 NAVET DES SABLONS.

4 MELON VERT À RAMES.

5 POMME DE TERRE ROSE HÂTIVE.

6 OIGNON ROUGE PÂLE DE NIORT.

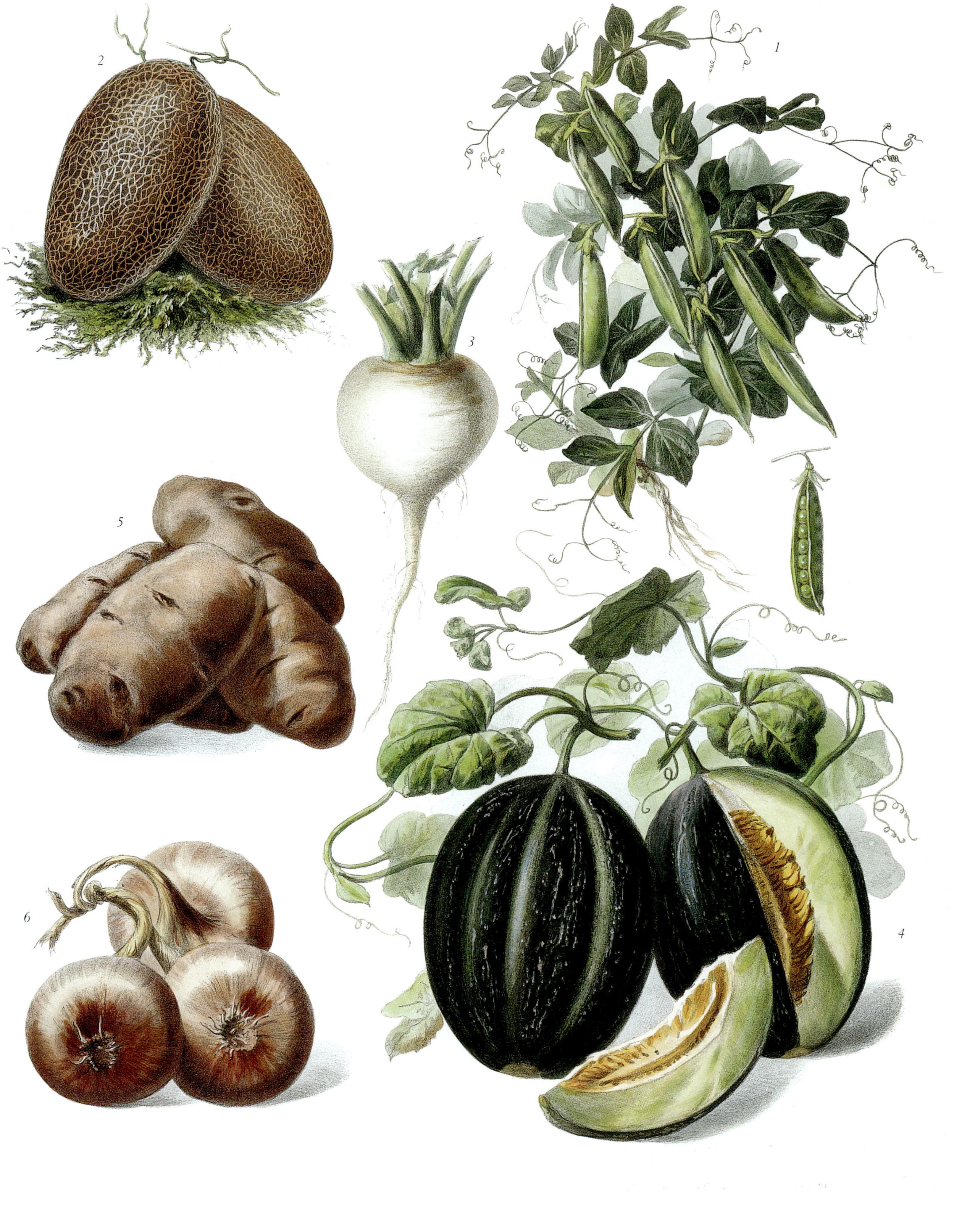
1
2
3
4
5
6

Planche n° 27

1 Radis gris d'hiver de Laon.

2 Piment (gros long) doux d'Espagne.

3 Chicorée à grosse racine de Bruxelles, pour Witloef ou Barbe de capucin pommée.

4 Navet jaune de Montmagny (rond jaune à collet rouge).

5 Pomme de terre Rognon rose.

6 Pomme de terre Marjolin Tétard.

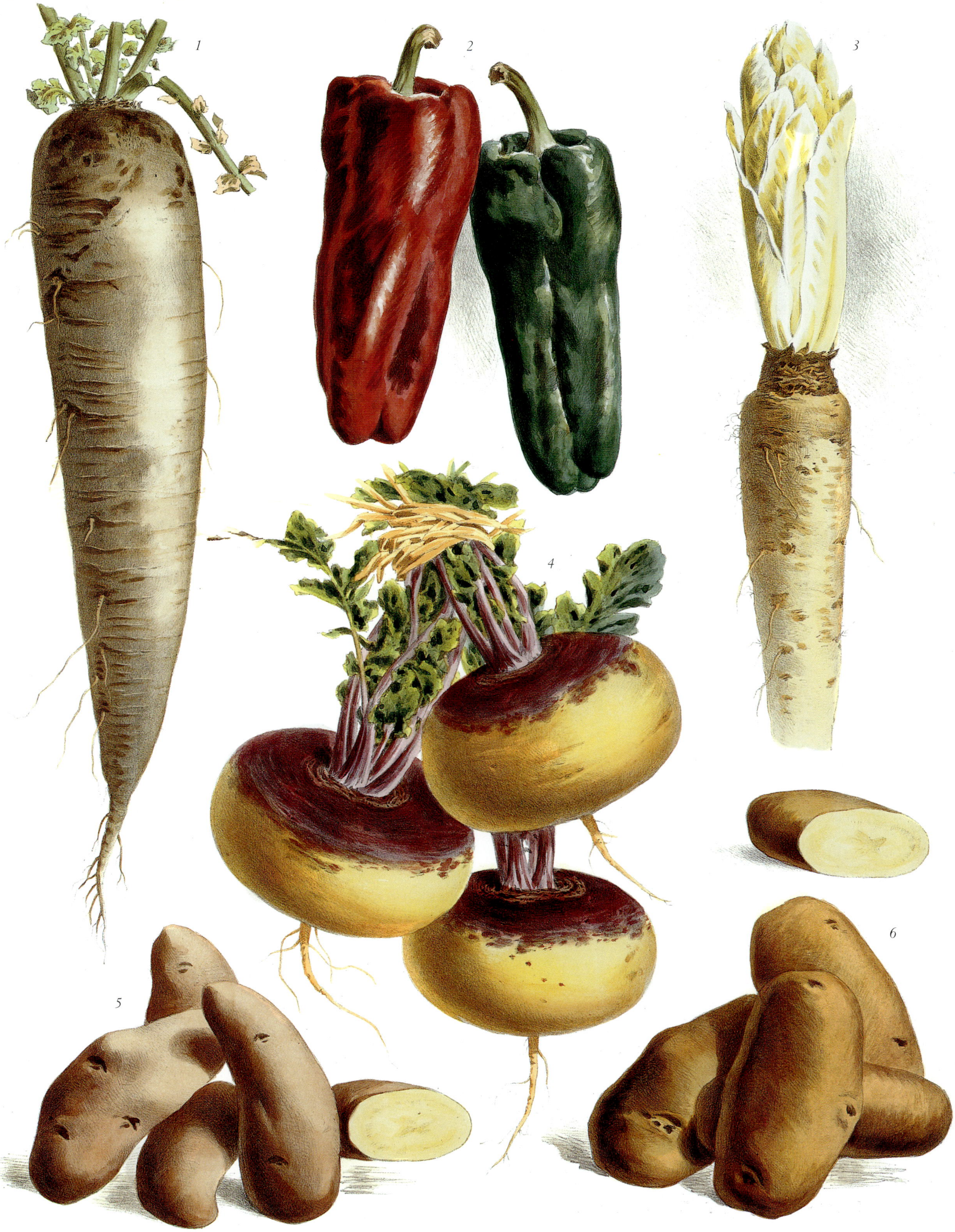
1
2
3
4
5
6

Planche n° 28

1 Carotte rouge longue obtuse sans cœur.

2 Pomme de terre Princesse.

3 Pomme de terre de Zélande.

4 Pomme de terre Rognon violet.

5 Pomme de terre Royal ash-leaved Kidney.

6 Oignon blanc rond dur de Hollande.

7 Radis violet d'hiver de Gournay.

8 Courge de l'Ohio.

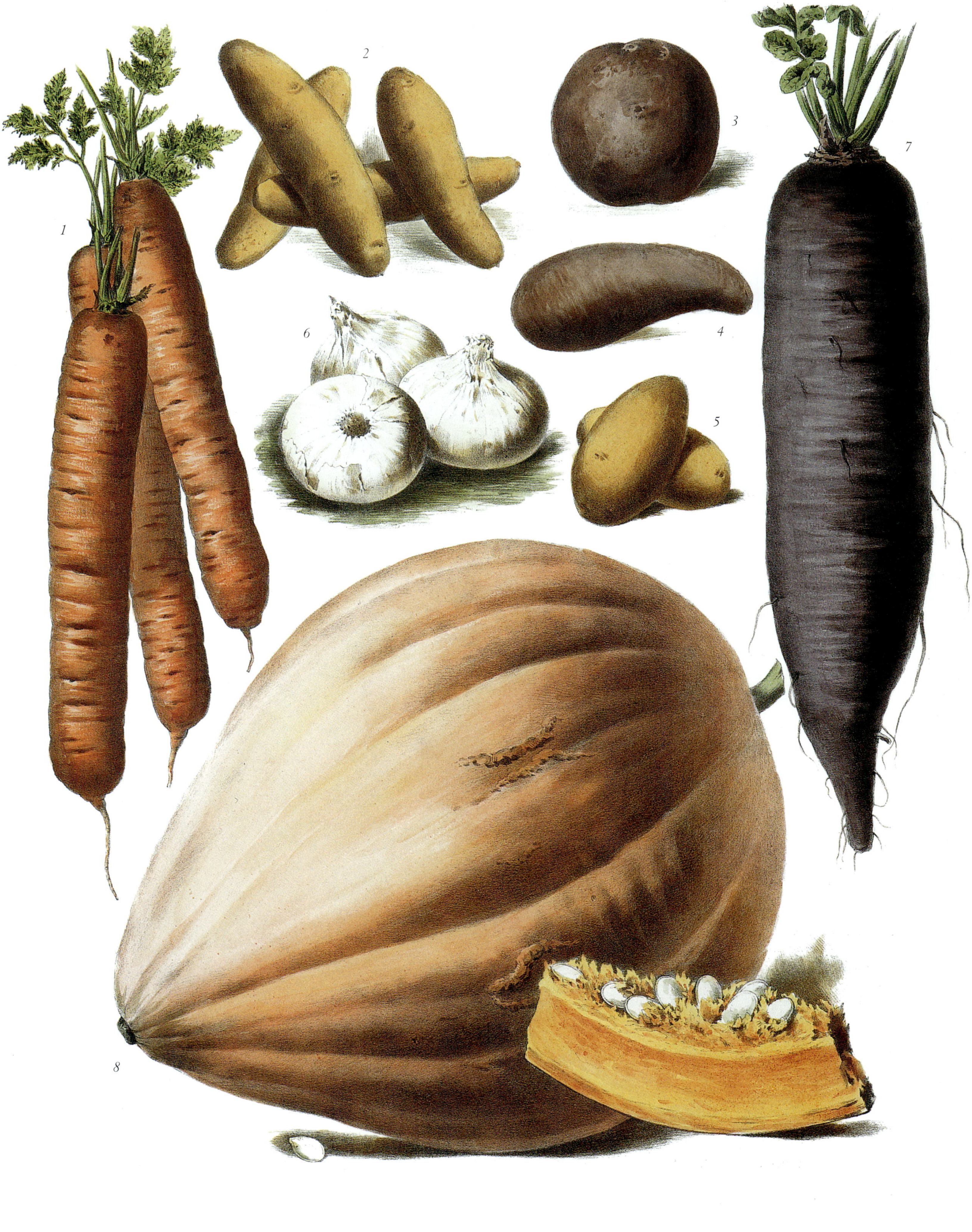
1
2
3
4
5
6
7
8

Planche n° 29

1 Radis demi-long écarlate.

2 Pois Serpette vert (Laxton's Suprême).

3 Pois Léopold II.

4 Betterave rouge de Castelnaudary.

5 Courge de Valparaiso.

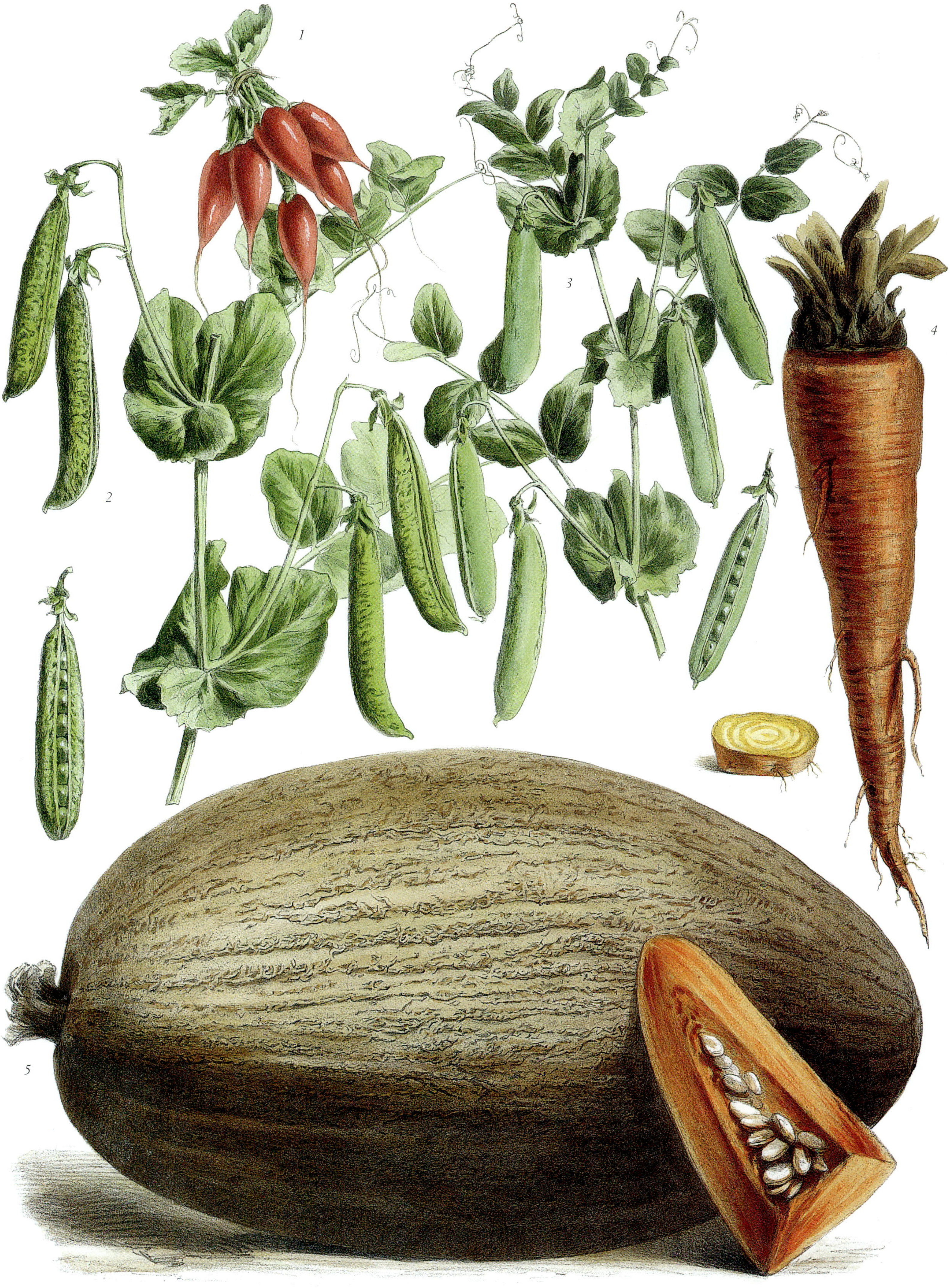
1
2
3
4
5

Planche n° 30

1 Panais de Guernesey.

2 Fraisier Dr Morère.

3 Haricot du Cap Marbré.

4 Radis demi-long violet à bout blanc.

5 Melon Cantaloup d'Alger.

6 Tomate rouge grosse lisse.

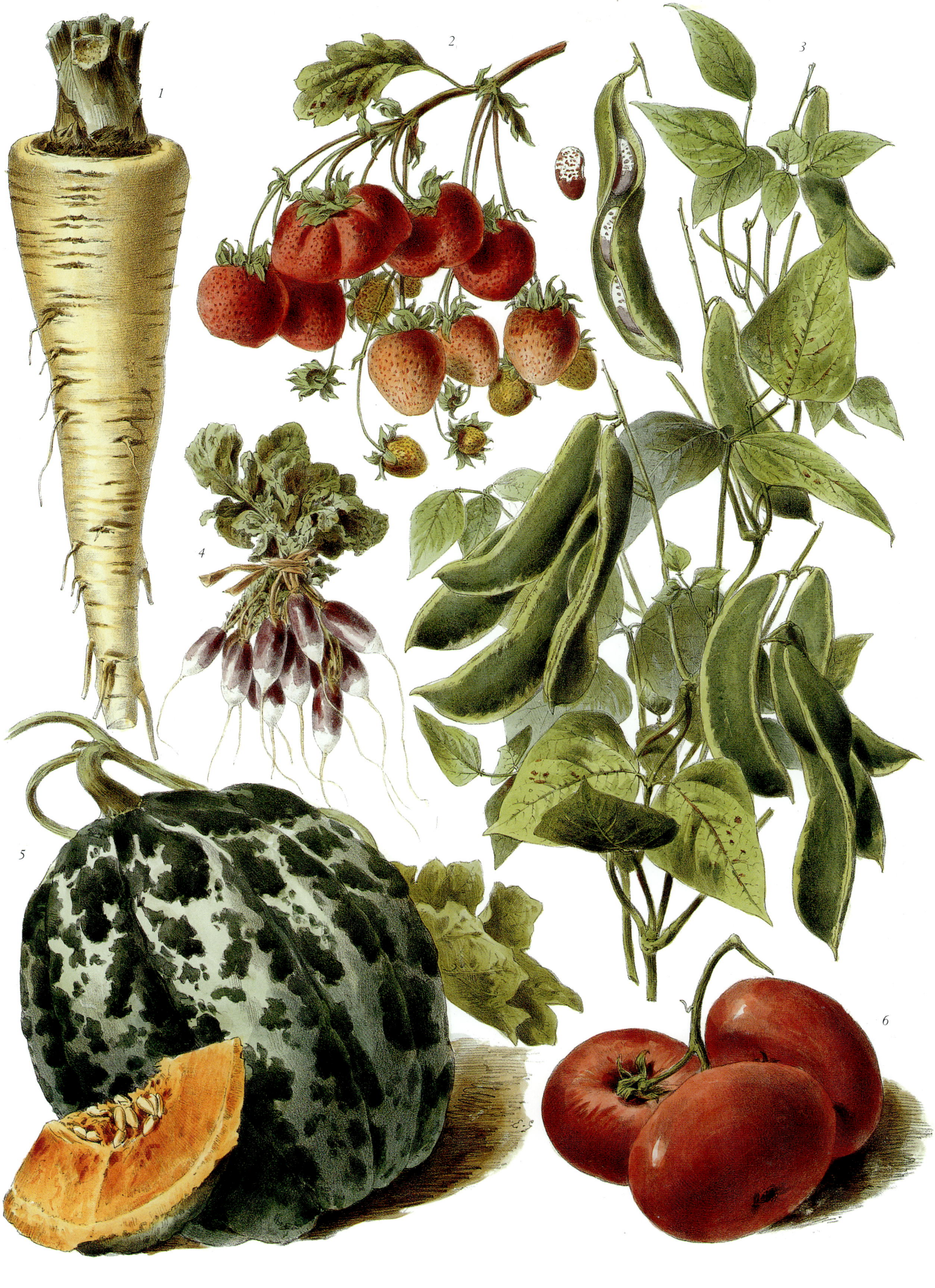
1
2
3
4
5
6

Planche n° 31

1 Laitue grosse blonde paresseuse.

2 Fève de Windsor.

3 Fève de Windsor verte.

4 Maïs sucré.

5 Oignon blanc très hâtif de la Reine.

6 Betterave pyriforme de Strasbourg.

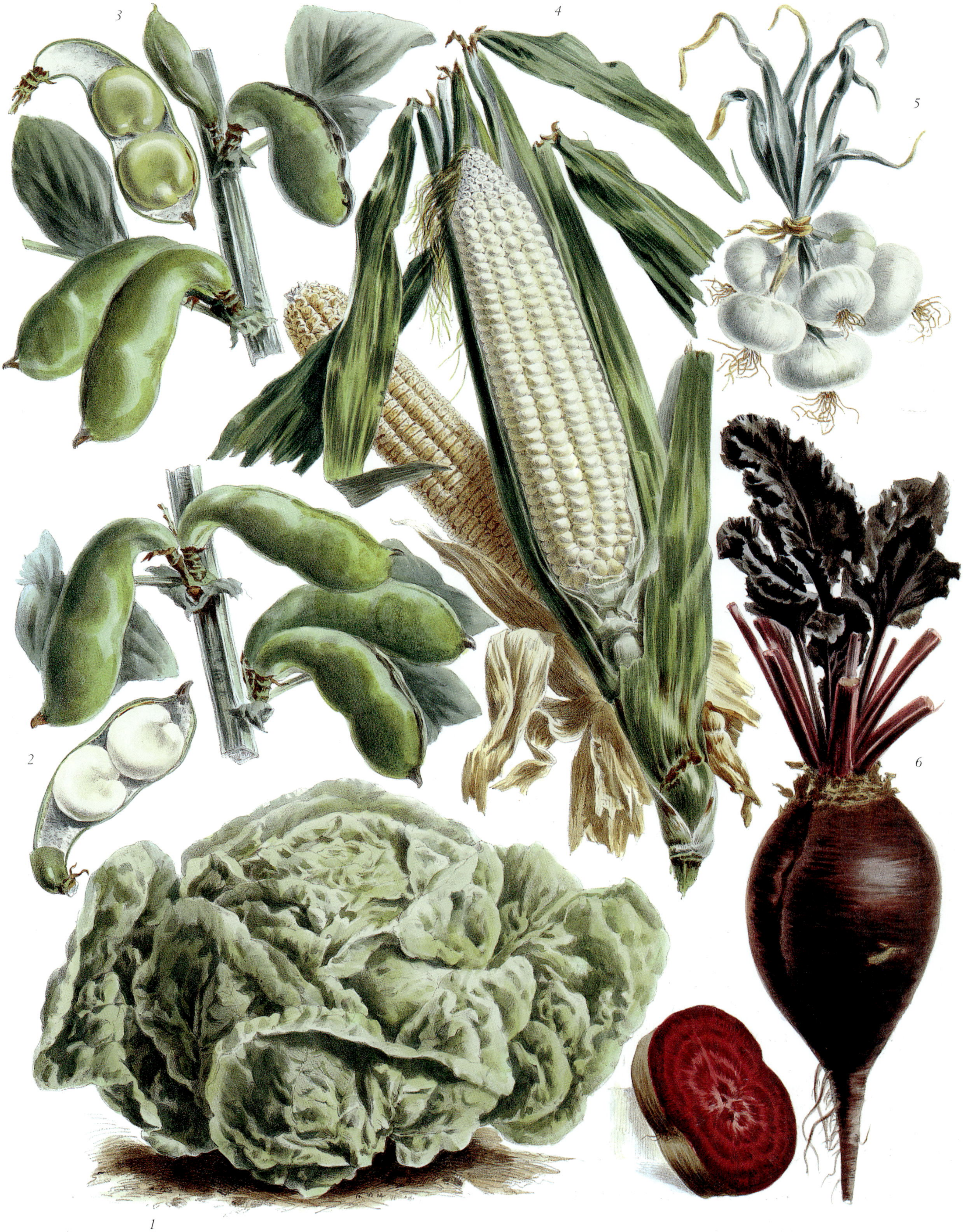

3
4
5
2
6
1

Planche n° 32

1 Fraisier Elton.

2 Pomme de terre prolifique de Bresee.

3 Oignon géant de Rocca.

4 Céleri plein blanc frisé.

5 Carotte rouge longue de St Valéry.

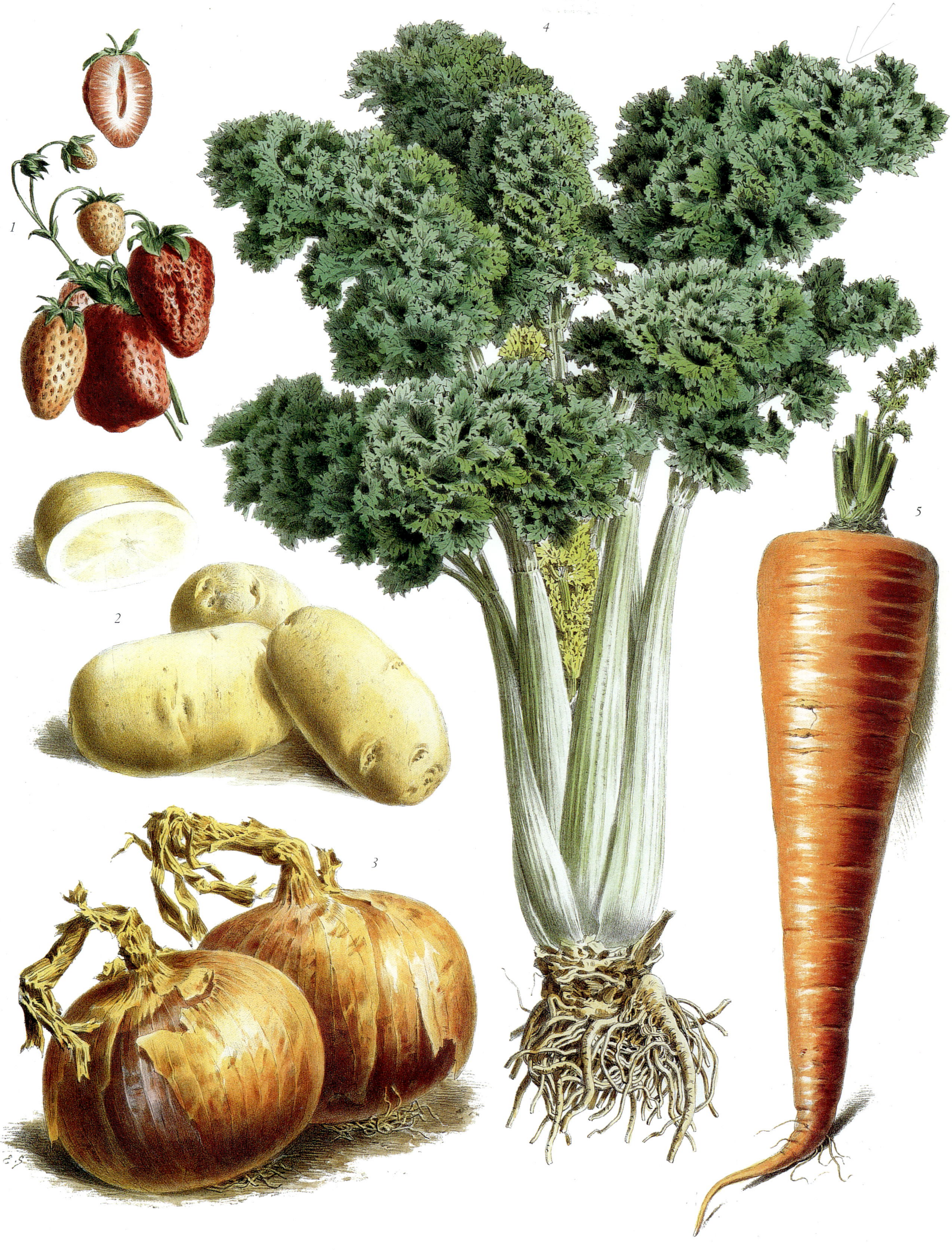
1
2
3
4
5

PLANCHE N° 33

1 LAITUE MERVEILLE DES QUATRE SAISONS.

2 POMME DE TERRE ROSETTE.

3 CONCOMBRE GREC OU D'ATHÈNES.

4 RADIS ROND VIOLET À BOUT BLANC.

5 BETTERAVE DISETTE MAMMOUTH ROSE LONGUE.

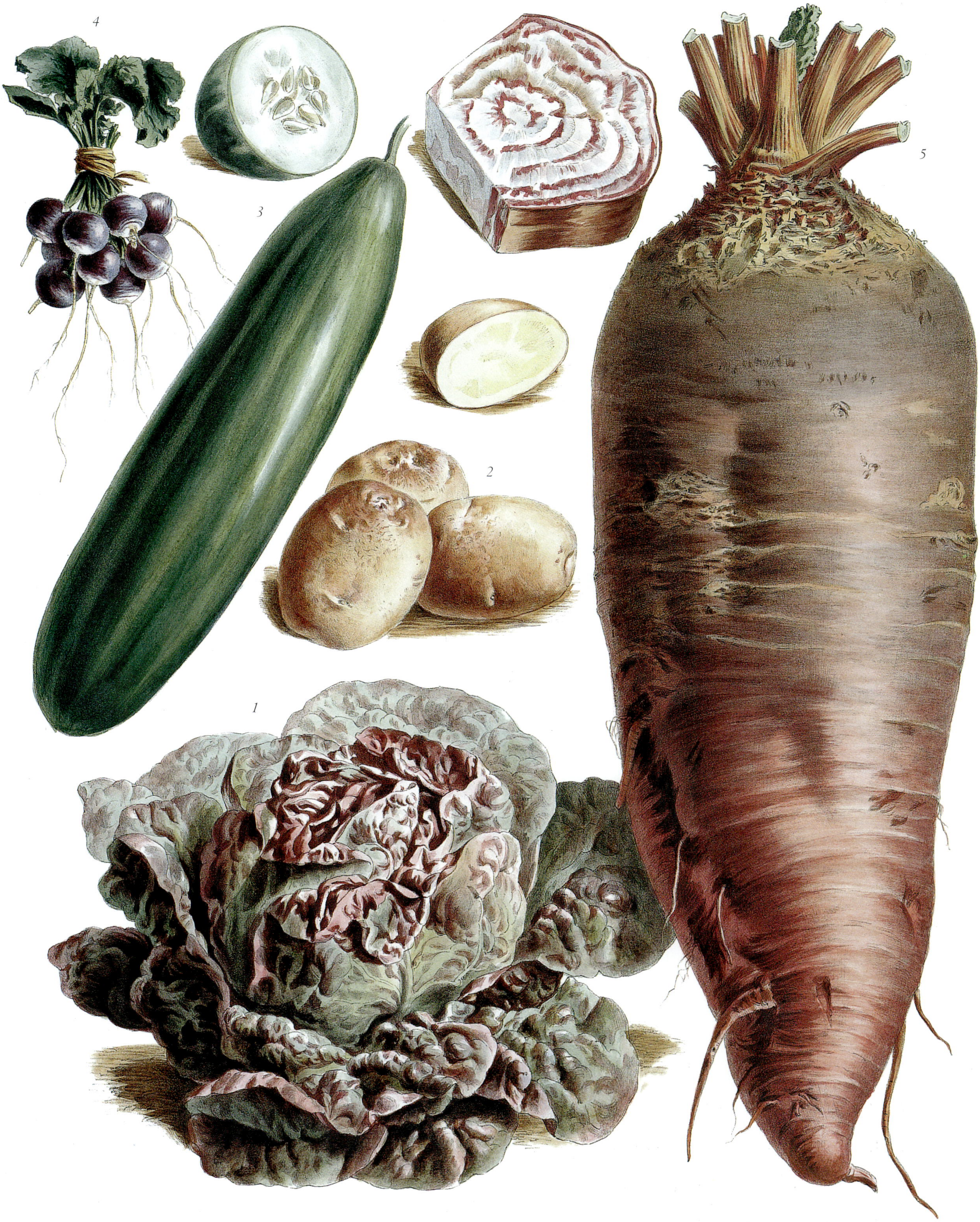
4
3
5
2
1

PLANCHE N° 34

1 GIRAUMON PETIT DE CHINE.

2 FÈVE NAINE VERTE DE BECK.

3 POIS MERVEILLE D'ETAMPES.

4 POIREAU MONSTRUEUX DE CARENTAN.

5 OIGNON ROUGE VIF D'AOÛT.

6 NAVET JAUNE LONG.

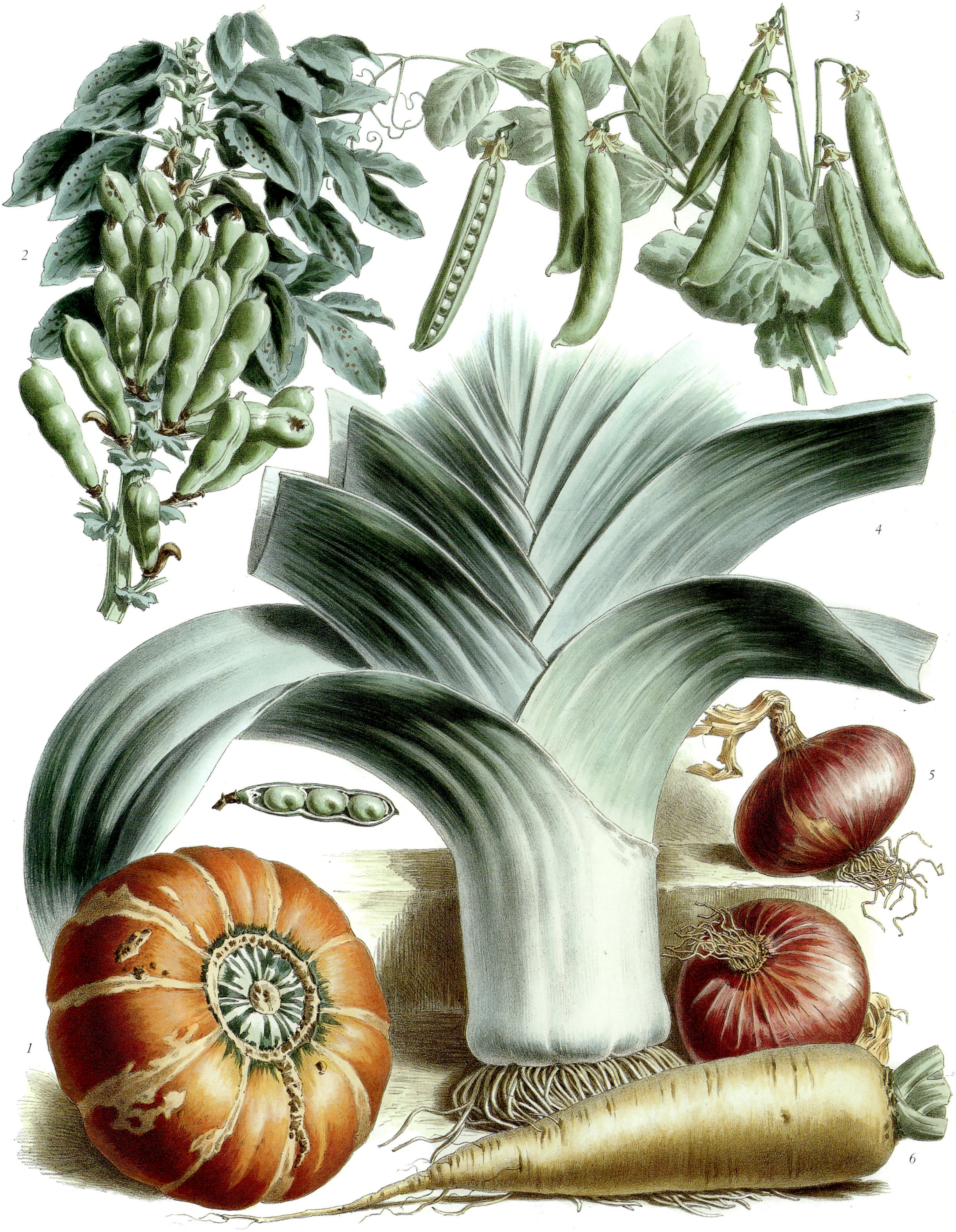
1
2
3
4
5
6

Planche n° 35

1 Pois beurre.

2 Melon brodé boule d'or.

3 Persil à feuille de Fougère.

4 Navet de Milan rouge plat très hâtif à feuille entière.

5 Chou très hâtif d'Etampes.

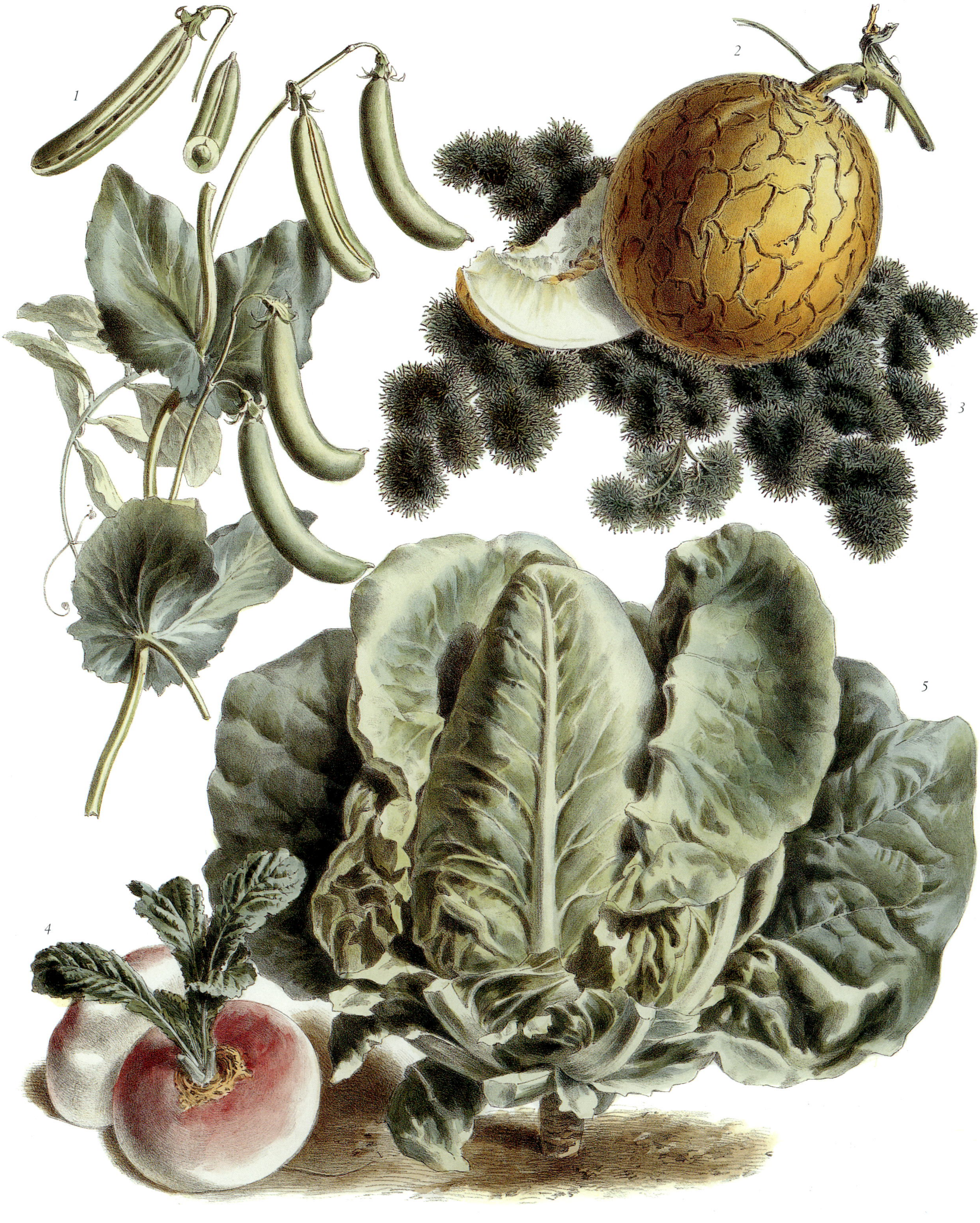
1
2
3
4
5

Planche n° 36

1 Tomate pomme rouge.

2 Pois Mac Lean's Blue Peter.

3 Betterave rouge naine de Dell à feuille noire.

4 Carotte rouge demi-courte obtuse de Guérande.

5 Céleri plein blanc doré (C. Chemin).

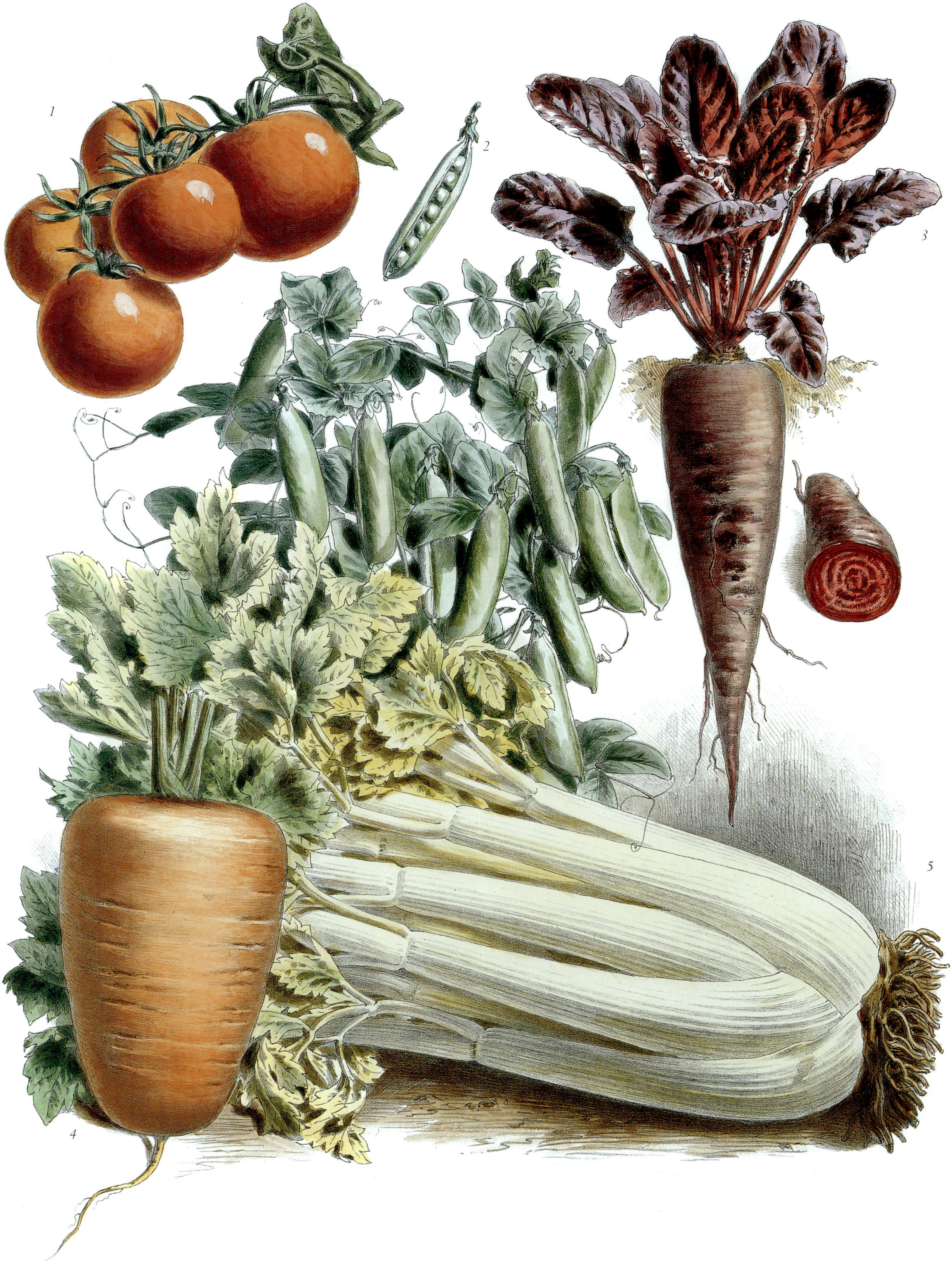
1
2
3
4
5

PLANCHE N° 37

1 TOMATE ROI HUMBERT.

2 TOMATE PERFECTION.

3 CHICORÉE FRISÉE FINE DE LOUVIERS.

4 CÉLERI VIOLET DE TOURS.

5 POMME DE TERRE VIOLETTE GROSSE.

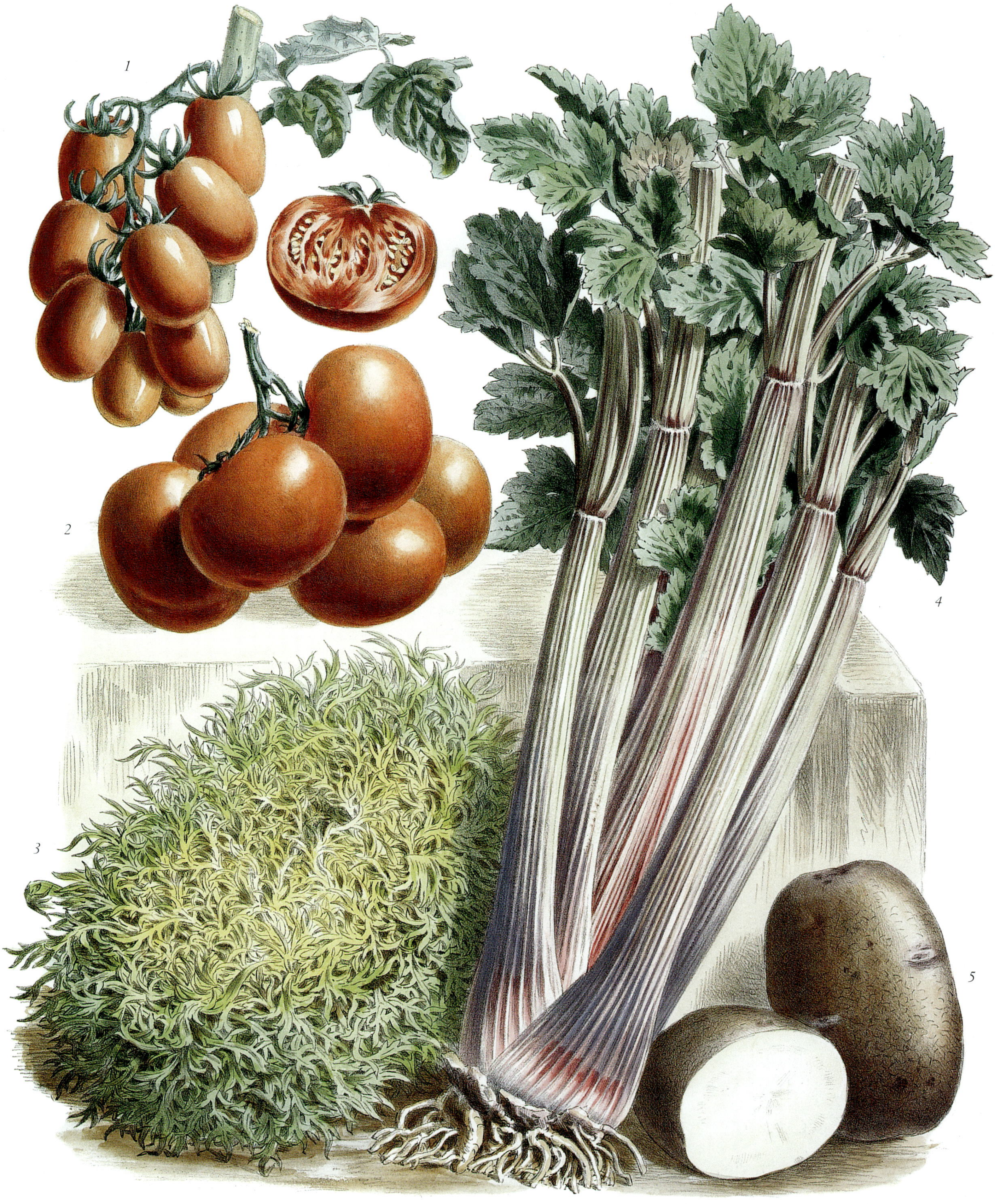
1
2
3
4
5

PLANCHE N° 38

1 POIS EXPRESS.

2 PIMENT CARRÉ DOUX D'AMÉRIQUE.

3 EPIAIRE DU JAPON (CHORO-GI).

4 PIMENT TOMATE NAIN HÂTIF.

5 OIGNON DE TRÉBONS.

6 CHOU DE MILAN TRÈS HÂTIF DE LA ST JEAN.

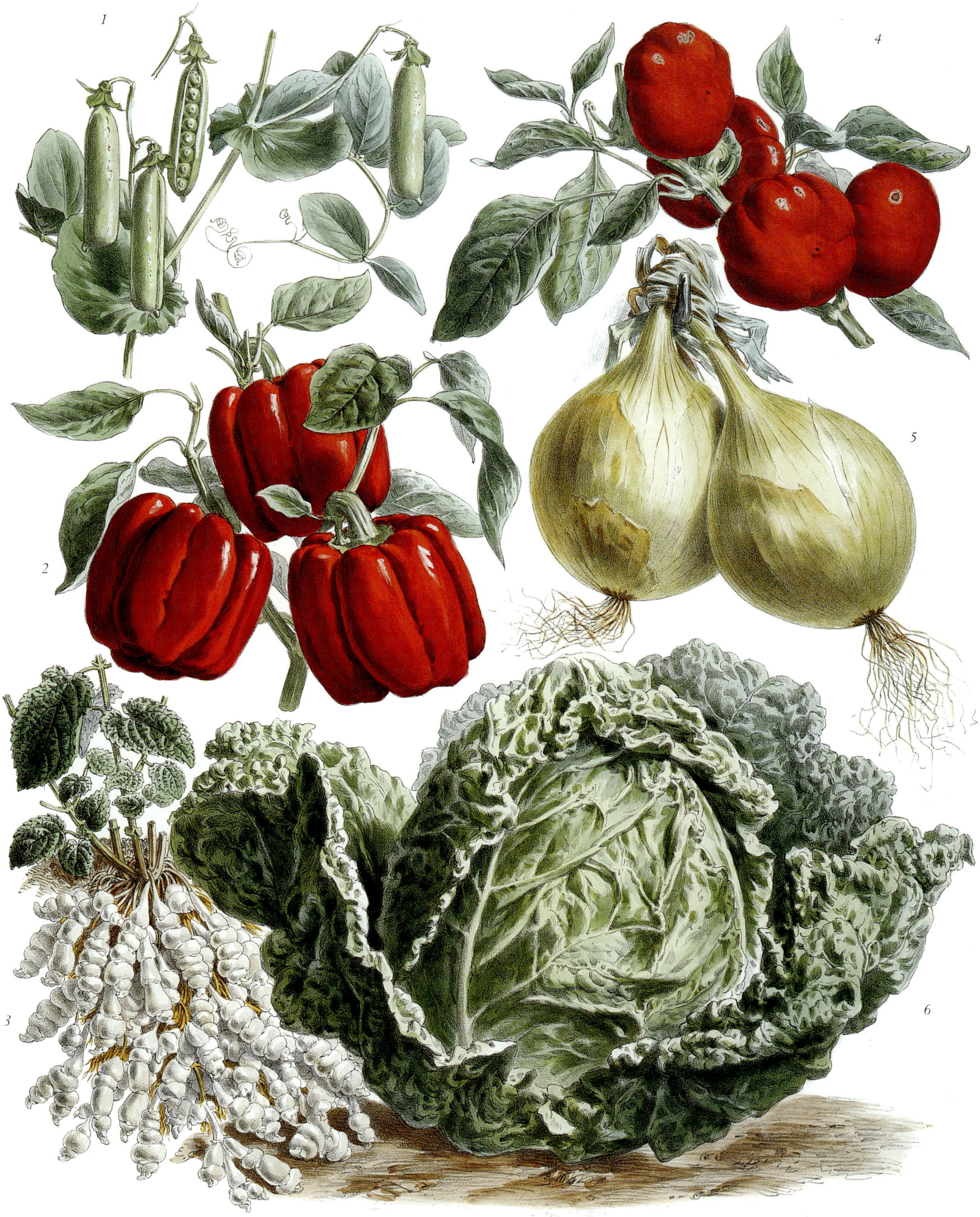
1
2
3
4
5
6

Planche n° 39

1 Piment carré jaune hâtif.

2 Cardon de Tours.

3 Haricot beurre panaché à rames.

4 Fraisier crescent seedling.

6 Oignon jaune de Côme.

7 Céleri rave géant de Prague.

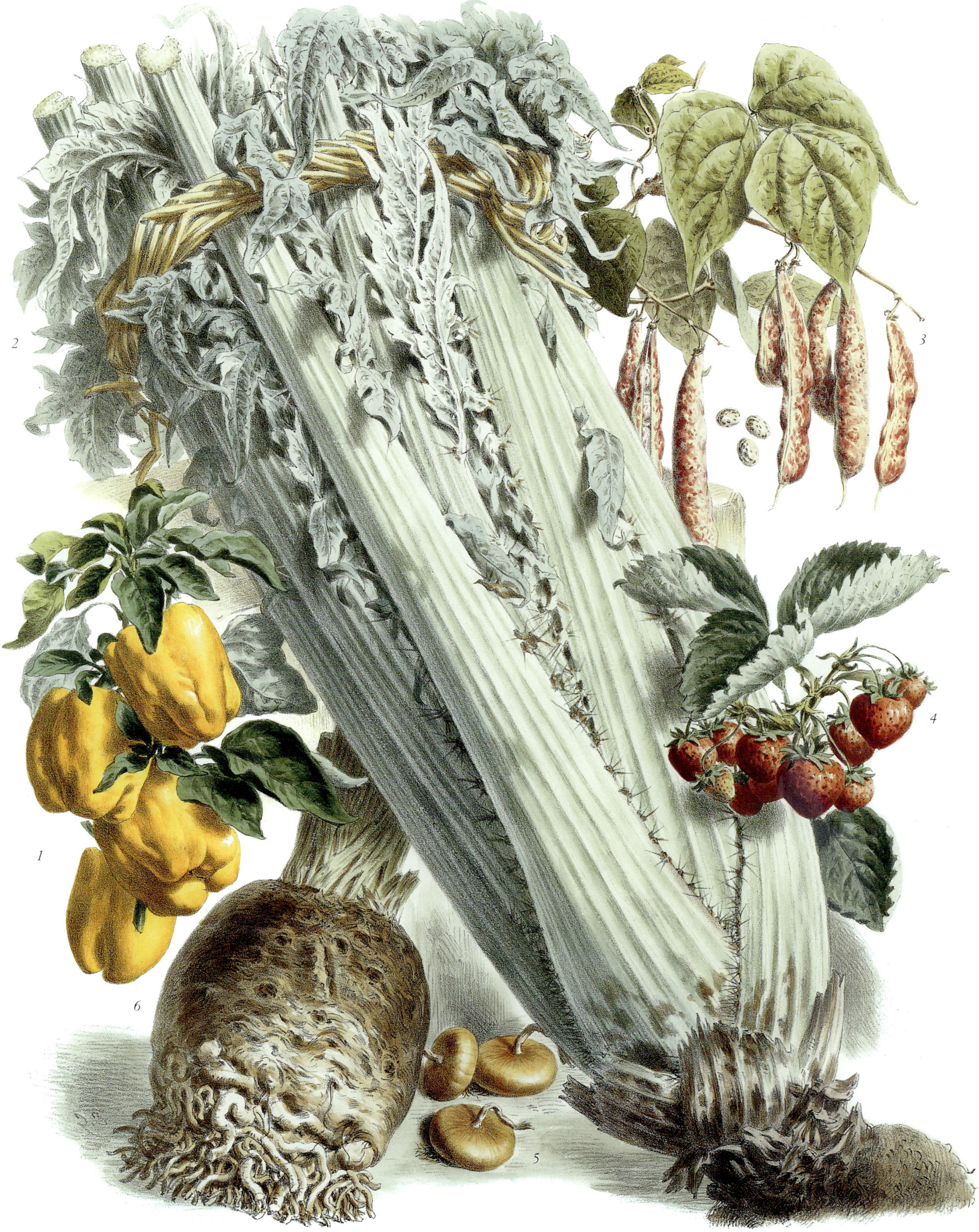
2
3
4
1
6
5

Planche n° 40

1 Laitue pomme d'or.

2 Chervis ou Chirouis.

3 Concombre de Russie.

4 Fraise sir Joseph Paxton.

5 Pomme de terre Victor.

6 Betterave Eclipse.

7 Courge prolifique très hâtive.

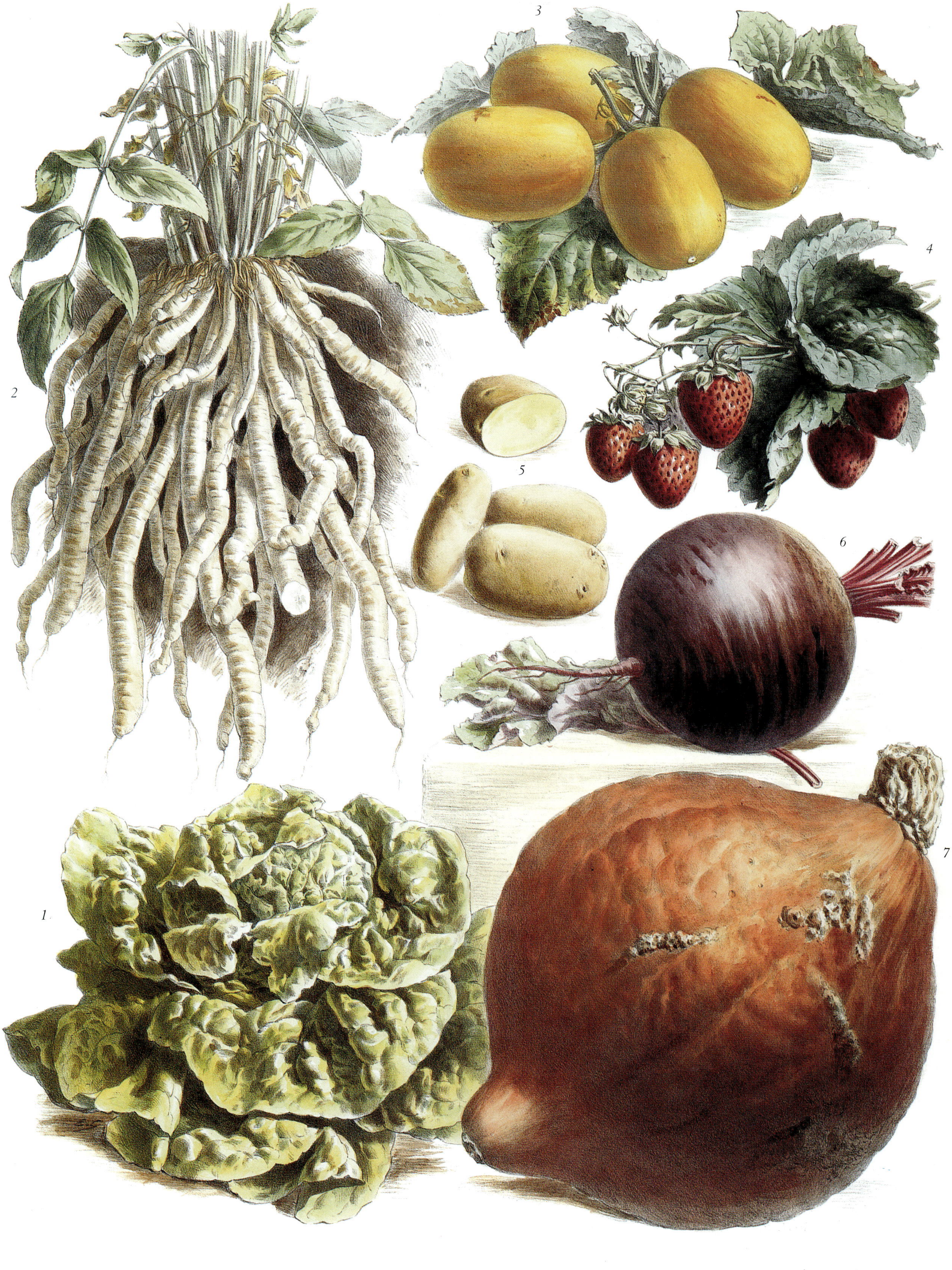
3
4
2
5
6
1
7

PLANCHE N° 41

1 BETTERAVE REINE DES NOIRES.

2 POIS SERPETTE NAIN VERT.

3 TOMATE CHEMIN, ROUGE HÂTIVE.

4 CÉLERI PASCAL.

5 PIMENT CARDINAL.

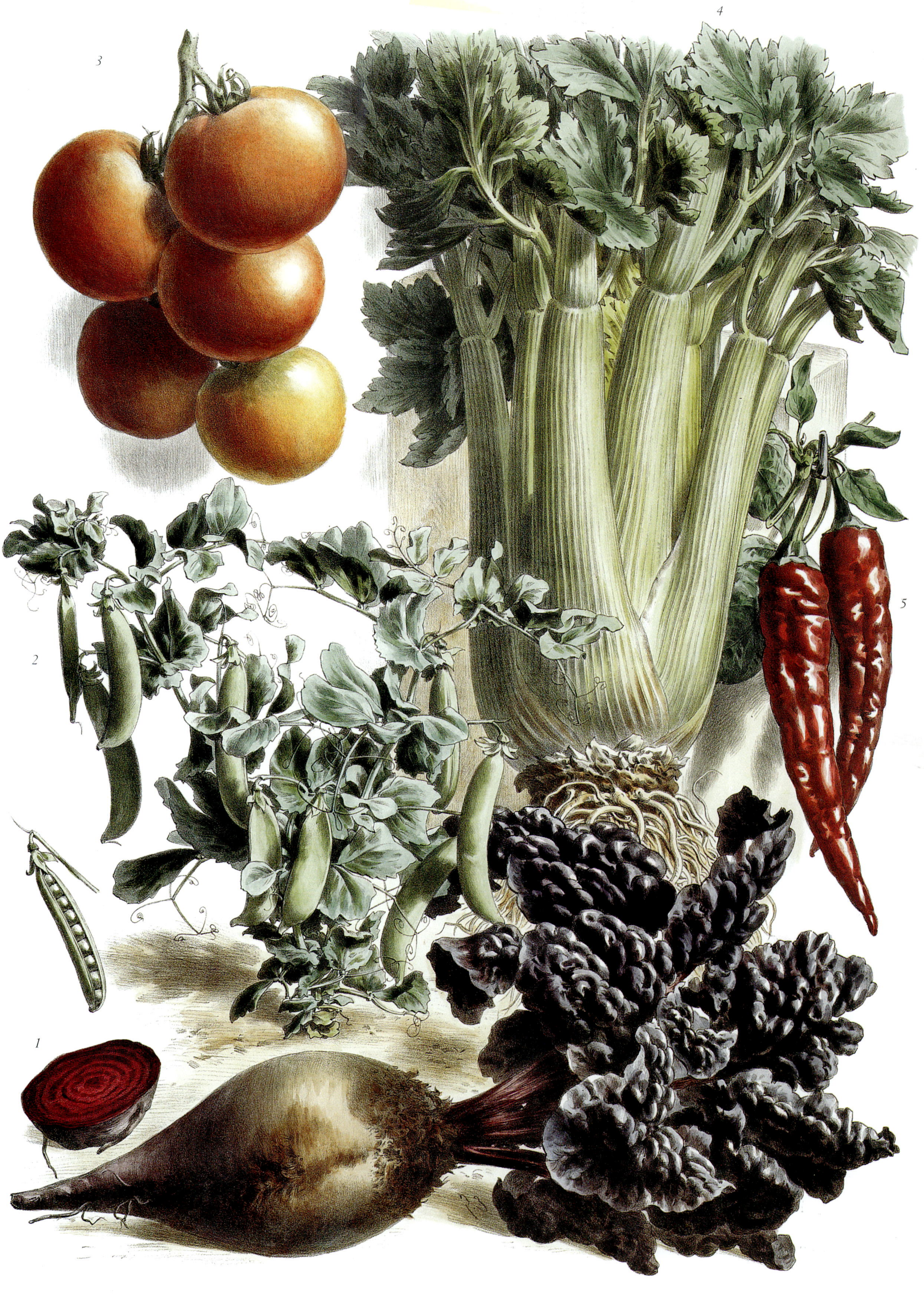
3
4
2
5
1

Planche n° 42

1 Pois Téléphone.

2 Arroche blonde.

3 Arroche rouge foncé.

4 Carotte rouge demi-longue de Chantenay.

5 Chou Express.

6 Fraise Noble (Laxton).

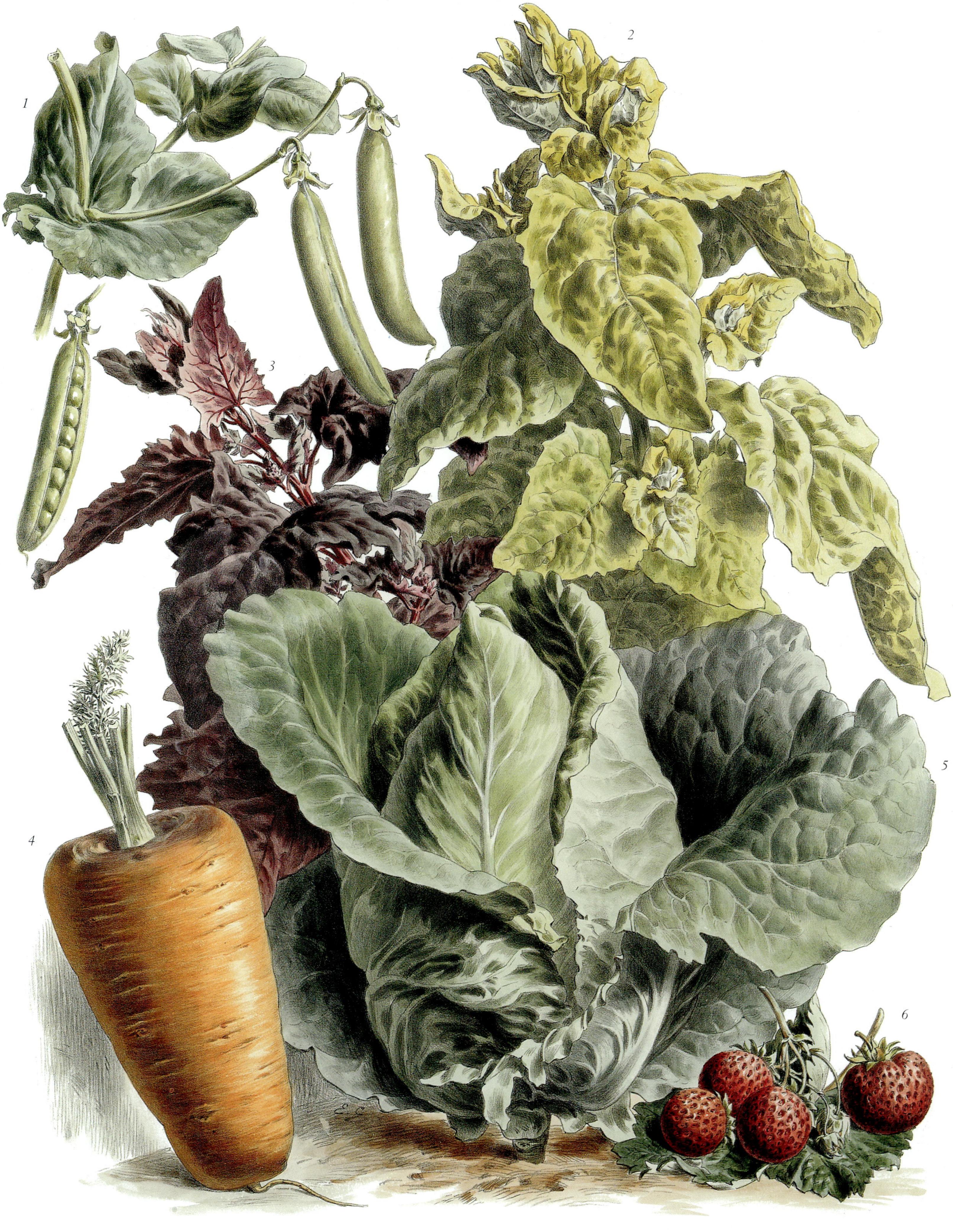
1
2
3
4
5
6

Planche n° 43

1 Tomate Mikado violette.

2 Tomate Mikado écarlate.

3 Céleri plein blanc court à grosse côte.

4 Pomme de terre négresse.

5 Radis long (Rave) écarlate à bout blanc.

6 Haricot nain Triomphe des châssis.

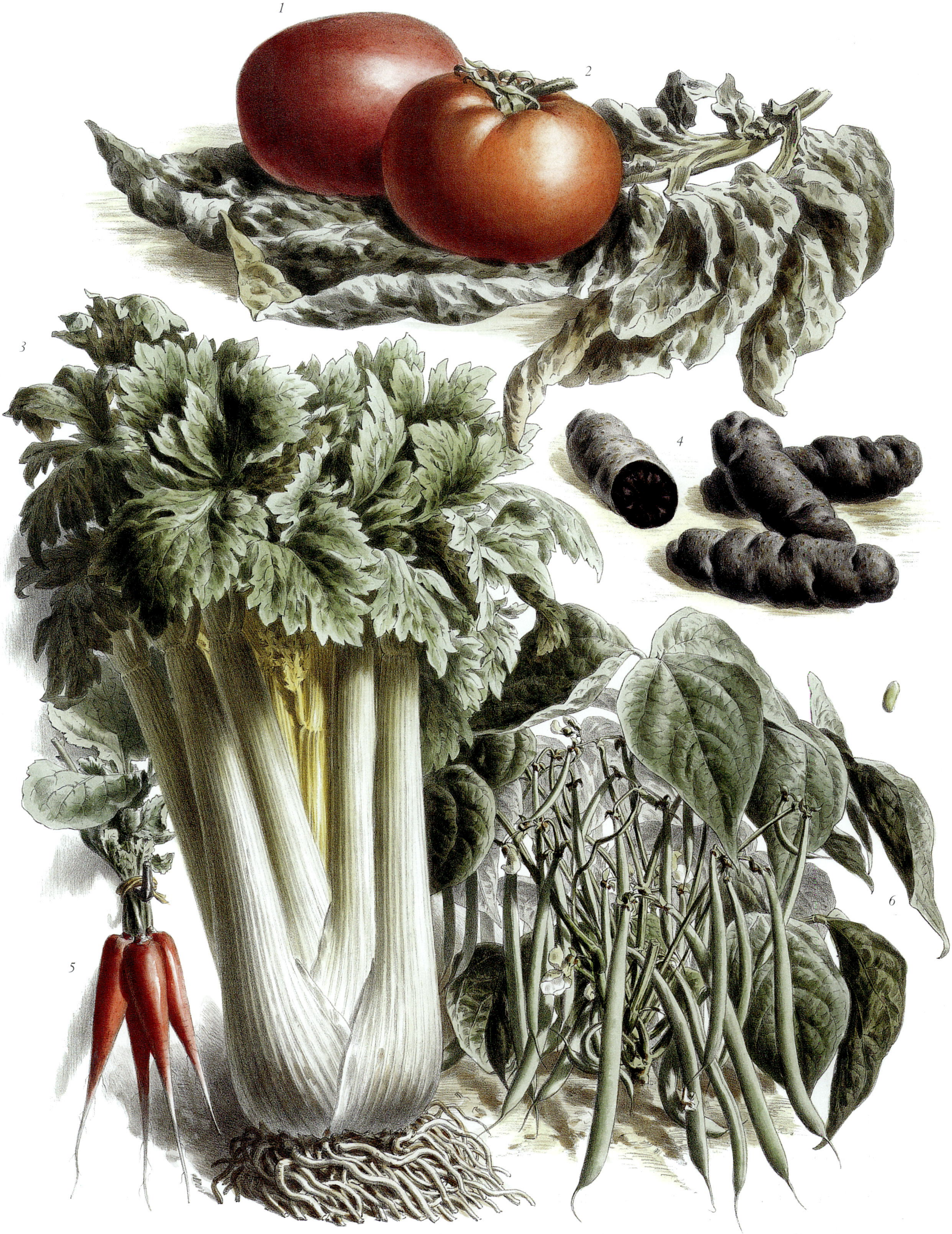
1
2
3
4
5
6

Planche n° 44

1 Haricot Shah de Perse.

2 Oignon rouge sphérique.

3 Aubergine violette longue hâtive.

4 Piment monstrueux.

5 Chou de Milan trapu de Roblet.

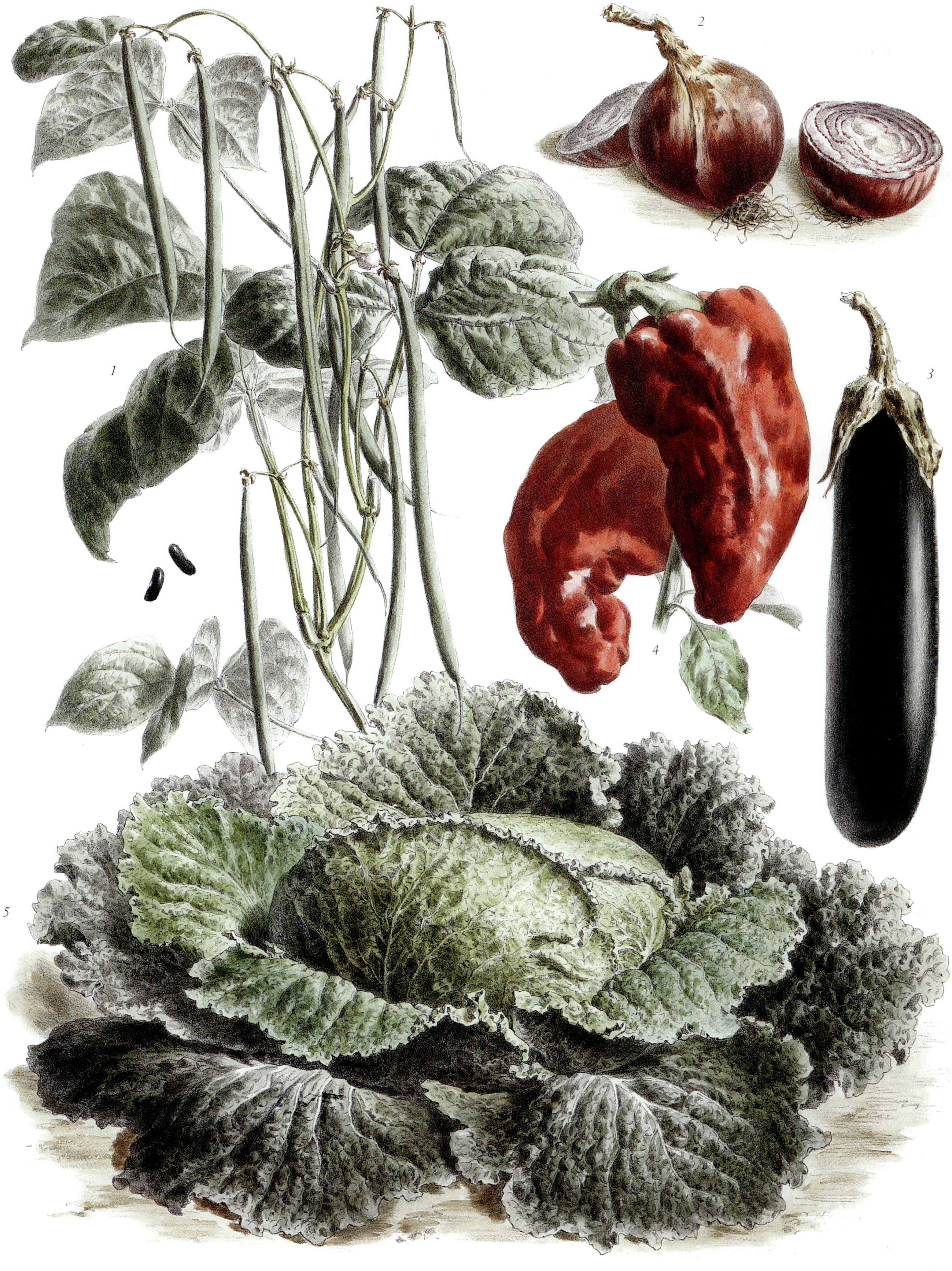
1
2
3
4
5

PLANCHE N° 45

1 TOMATE REINE DES HÂTIVES.

2 CÉLERI D'AREZZO.

3 POIS SANS PARCHEMIN TRÈS NAIN HÂTIF À CHÂSSIS.

4 NAVET DE MILAN BLANC.

5 NAVET ÉCARLATE DU KASHMIR.

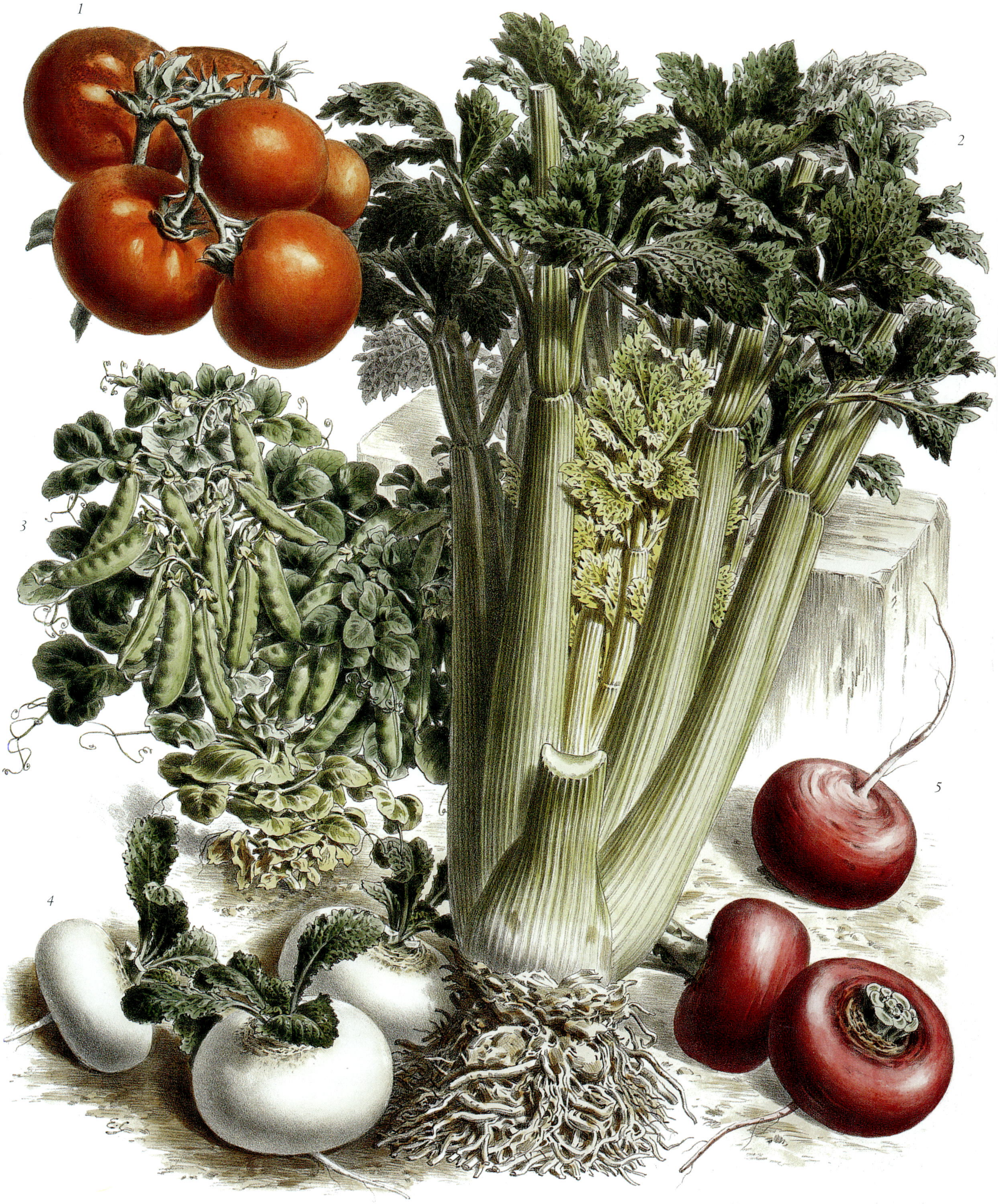
1
2
3
4
5

PLANCHE N° 46

1 AUBERGINE TRÈS HÂTIVE DE BARBENTANE.

2 BETTERAVE ROUGE À SALADE DE TRÉVISE.

3 FENOUIL DE FLORENCE.

4 CONCOMBRE LONG DE SIKKIM.

5 CHOU CABUS PANACHÉ.

6 POMME DE TERRE QUARANTAINE PLATE HÂTIVE.

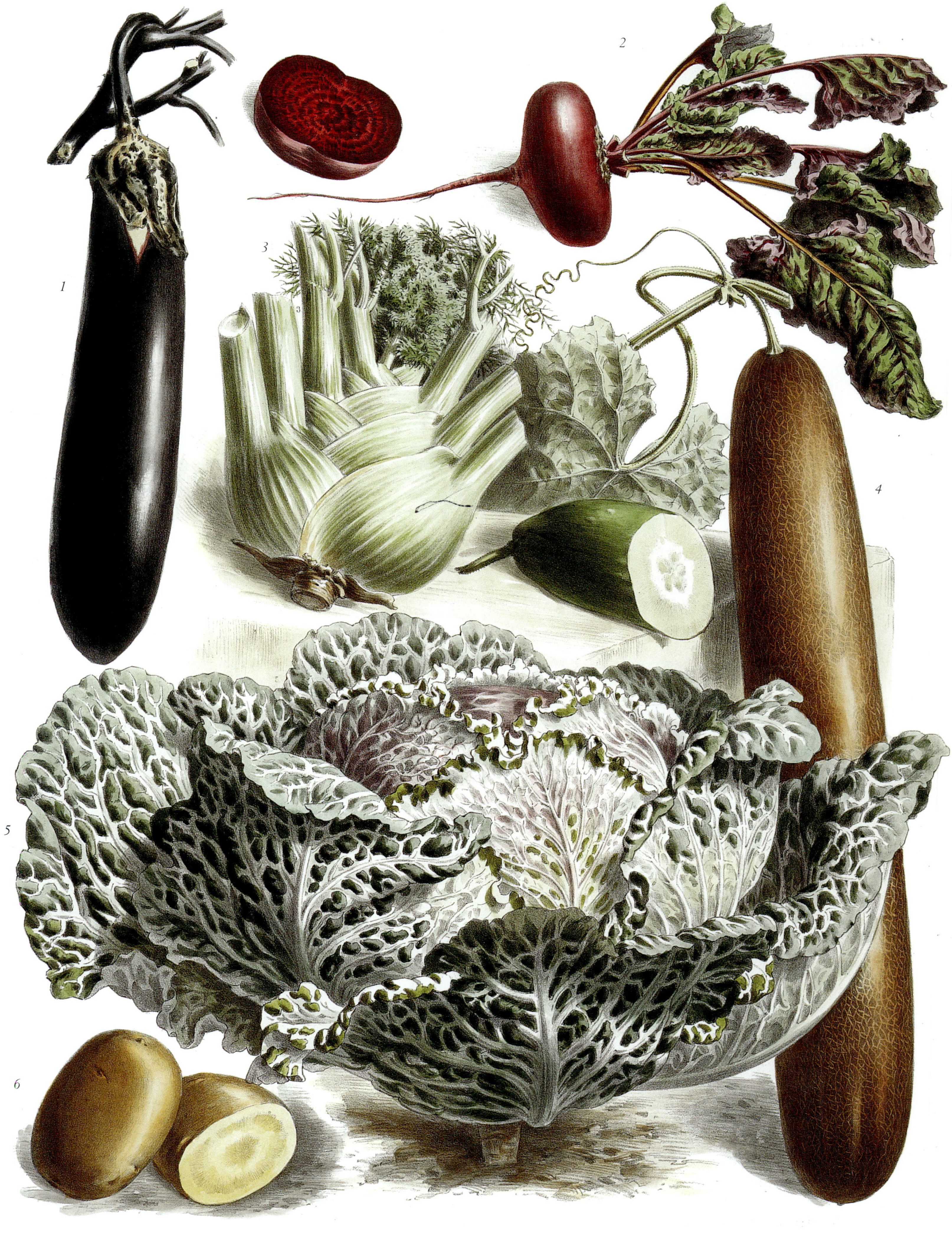
1
2
3
4
5
6

Imprimé en Chine